ars vivendi

Klaus Schamberger
Freitagsgschmarri

ars vivendi

Die Textbeiträge basieren auf den vom *BR (Bayern 1)* in den Jahren 1982–2017 ausgestrahlten Radiokolumnen der Reihe »Gschmarri zum Wochenende«.

Originalausgabe

1. Auflage Januar 2019
2. Auflage Februar 2019
3. Auflage März 2023

© 2019 by ars vivendi verlag
GmbH & Co. KG, Cadolzburg
Alle Rechte vorbehalten
www.arsvivendi.com

Umschlaggestaltung: Karin Roth,
nach Motiven von Toni Burghart
Typografie und Ausstattung: ars vivendi
Druck: BookPress
Printed in the EU

ISBN 978-3-7472-0008-7

Freitagsgschmarri

Inhalt

Wir Deppen

Unsere Mendalidääd

Ba uns in Franken, dou is alles aweng glenner wäi im Rest der Welt.

A Schdündla zum Beischbiel is a goude Schdund, also ungefähr annerhalb Schdund. Ein Waggerla is eine ausgwachsene Frau, masdns die eichne. Am Beginn der Inbesitznahme hassd's Scheißerla oder Schneggerla. Ein Wäächala – des is ein siemsidzicher Geländepanzer mid 280 PS, 10 Liter Sprit aff 100 Meter, nächstgräißers Modell: ein Römming-Omnibus. Unser Leibschbeis, es Schaifala, hodd netto mindestens annerhalb Kilo, wous einen nichtfränkischen Menschen allaans scho bam Hiischauer gscheid schlecht wird. Und a Seidla Bier ist ein halber Liter, inzwischen leider die gräißte Trinkeinheit, wou mer hom, seid es Määßla suu goud wäi ausgschdorm is. A Määßla – des woor bragdisch a Aamer Bier, vuur den wou fräihers ein Breiß fassungslos dervuur gschdandn is und nedd gwissd hodd: Konner edzer dou es Schaifala neischmeißn, als Insel, odder soll er in an Zuuch durchschwimmer.

Unser Lieblingsbeschäfdichung is, dass mer die Sunndooch zammds unsern Waggerla middn Wäächala ungefähr a Schdindla in die Fränkische nausfoohrn, affer Schaifala mid Gniedla. Dodal ausgmergld und mid starre, diefergleechde Aung hogg mer nou Punkt Elfer im Werzhaus und kenner, wenn nachern Schdindla die Bedienung zu uns sachd »Sin Sie des Gnechla« und mir sin obber nicht des Gnechla, kenner mer grood nu bfobfern »A Schaifala. Wenn's kanne Umschdänd machd, haid nu. Und a ganz glanns fei, gell!«

A Wirt, wou ba uns ganz glanne Schaifala im Angebot hodd, der kennd sei Bindala backn. Nu nie is ba uns jemals in einen Werzhaus a ganz glanns Schaifala gesichtet worn. Digg und fedd schwabblds aff zwaa Seidn vom Deller roo, derneem die Nachbildung vom Martin Behaim seiner Weltkugel, es Gniedla, des wou bis zum Äquator im Ozean schwimmt, innern Söößla vom Suggerla. Derzou lou mer si nou vier, fünf Seidla durchn unsern Gniedlaskubf gäih. Drei Schnäbsla rundn unser Veschberla ab. Wobei ein Schnäbsla a Schdamberla is, also a Doppelter, goud eigschenkt, ungefähr a Achderla. Es Schennsde bam Schaifala is, dass am Schluss noch eine Überraschung bietet – undern Gnochn es sogenannte Kellnerschdiggla, numol a gouds Bfündla. Nachn Schaifala nehmer mer nu a glanns Nachdischla, a Moongdredzerla – drei Schdiggla Schadd odder Buddercremedorddn. Derzou a Kännla Kaffee. A Kännla sind drei Dassn, randvoll. Dernouch efendwell numol a Verdauungsschnäbsla. Nou laaf mer die drei Meter zu unsern Wäächala, masdns am Stück, ohne Pause, und foohrn hamm.

Nachn Hienberch schdäid an der Audobahn am Rand a gräins Männla, des hodd aa a Schaifala in der Hand, des wou uns mid roude Blinklichdla mitteilt »Halt, Polizei!« Und wäi der Bolli zu uns sachd »Haung S' mi amol aweng oo!«, dou kummd uns nou ein Kobberla aus. A Kobberla is ein explosionsartiger Hals-Hurrikan, masdns Orkanstärke 10 bis 12, der wou nicht nur ganze Dächer abdeckn konn, sondern in dem Fall auch den Bolli sei Dienstmützla vom Gniedlaskubf. Während der sei Mützn 100 Meter weiter souchd, hoggd sich unser Waggerla gschwind ans Steuer und mir kenner weiterfoohrn – und am nexdn Sunndooch widder naus aff a Schaifala mid Gnedla. A weng a Schläächla, Freindla, hommer, maan i, scho.

Der Krawall-Kaschber von der Gustavstraße

Sie, wos i Ihner edzer sooch, des mouß fei unter uns bleim, gell!

Also, ich gäih von Zeit zu Zeit immer wieder amol nach Färdd. Halt eimbfach suu, walls mer gfälld. Neili widder. Hock i middn Filsners Heiner in der Gustavschdrass im Gelben Löwen affer Seidla Grüner odder fünf, hommer si neibfiffn, im Freien, wall der Heiner bleschd amol gern anne. Und iich, glaab i, aa. Hockt uns a älterer Moo geengüber und sachd zu mir: »Lang werds nimmer dauern, nou hosd dou in der Gustavschdrass dei ledzds Seidla nausbrunst!«

Ja, ich konn edzer aa nix derfüir, füir däi a weng arch volkstümliche Ausdrucksweise – des hod der Moo suu gsachd. Und zwar, hodder mer nou nu erklärt, des Nausbru-, also, des Blädschern erzeugt Geräusche, Geräusche beschdenger aus Dezibel, und mehr wie 45 Dezibel sin demnächst in der Gustavschdrass gesetzlich verboten. Und auch es Einschütten von Bieren erzeugt nerdirli Dezibel, und drum derfsd du in Zukumbfd in der Gustavschdrass dei Bier, zumindest im Freien, nerblouß nu in trockener Form zu dir nehmer. Also vom Wirt glanne Biereiswürfl in der Tiefkühltruhe formen loun und nou ganz leis, völlig dezibel-frei luudschn.

Ab 22 Uhr Ausschankverbot in der Gustavschdrass. Des soll edzer nach längere gerichtliche Auseinandersetzungen extrem demokratisch entschieden wern: 1 Anwohner will dorddn nämli sei Rouh, und die andern 119 999 Färdder wolln Bier trinken und Geräusche erzeugen. Des nennt mer Demokratie. Anner is mehr wäi 119 999. Zumindest in Färdd.

Und zusätzlich zu die Dezibel und zu den 1 Anwohner

middern Seismographen im Ohr homs edzer obber nu a Problem in Färdd. Nedd weid wech vo der Gustavschdrass, glei nebern Rathaus. Weechern Ludwig Erhard, in Urgroßvadder vom Wirtschaftswunder. Der is ja aus Färdd gween. Und drum hommer dou eine Ludwig-Erhard-Schdrass, a Ludwig-Erhard-Geburtshaus und a Ludwig-Erhard-Museum. Des langt obber nu lang nunni an Ludwig-Erhard-Gedenkstätten, und edzer soll ans Rathaus, glei bam Obstmarkt, soll ein Ludwig-Erhard-Haus hiibabbd wern. Wos dou neikummd, wass mer nunni, vielleicht in Ludwig seine Zigarrnkistla.

Is obber worschd, wos neikummd. Wichdich is, wäis vo außn ausschaut. Wall, dou läffsd du ja als Färdder jeden Dooch zwanzgmool vobbei. Und rein äußerlich, gemäß in Plan vom Sieger vo den Architektenwettbewerb, wird des Ludwig-Erhard-Haus in Zigarrn-Dauerluudscher Ludwig Erhard voll und ganz gerecht. Wall, die Planung sieht vor: drei riesige Zigarrnkistla affernandergschlichd. Aus Sichtbeddong. Warum der Sichtbeddong hassd, wass i nedd. Eingli mäißerd er mehra Wechschau-Beddong hassn. Und weecher dera wunderbaren Hässlichkeit, däi die Färdder middn in ihr Altstadt, direggd neebers Renaissance-Rathaus, hiibflaadschn wolln, gibt's edzer nerdirli aa widder Aufruhr rund ummern ehemalichn, seinerzeit sauber abgrissner Goonsberch.

Und für alle zwaa Kardinal-Probleme in Färdd, dou hädd ich edzer einen Kompromissvuurschlooch: Des Haichdala in der Gustavschdrass, dem wo die Zapfhähne zu laut krähen, der gräichd vo der Stadtverwaltung entweder däi Ohrnbfrobfn, wo auch der Stadtrat oft in Betrieb hod bei Bürgerwünschen, odder er zäichd, wenns ferddich is, in des neie Ludwig-Erhard-Gedächtniszigarrnkistla um. Wall Sicht-Beddong is ja ka Hör-Beddong. Dou konn anns drund in der Gustav-schdrass im Freien nu suu a lauts Kobberla raushauer, des dringt zu ihn dann nedd lauter durch, wäi wenn a Omassn durch die Königschdrass läffd. Und eines Tages gräichd der Moo vielleicht sugoor auch eine Ehrung. Dass nou die Gustavschdrass umtauft wird in Schnarch-zapfngässla.

Strähnen lügen nicht

Ich wass nedd – hom Sie scho amol Ihrn Körper oogschaut? Ja? Nou wern S' aa gsachd hoom: Dou hobbi scho amol wos Schenners gseeng.

Allaans scho amol die Haut, nä. Schdäihd nix draff, kanne Bildla zum Ooschauer, kanne Installationen, also Noosnring, kanne Stecknadeln in die Oorschbackn, nix, null Verzierungen. Gut, des konn im Lauf der Zeit nu wern, mir sin ja Geschöpfe der Evolution, in der Ent-wicklung praktisch, vielleicht, dass mer in die nexdn zwaa, drei Millioner Joahr ornamentmäßig gseeng a weng schenner wern. Obber des wern mir nou nimmer erleem, odder?

Und am schlimmsten is ja mit unsere Hoar. Vuur allem däi am Kubf. Ich woor edzer korzz nach den WM-Spiel geecher Portugal ba mein Frisör. Ädschnhanni hod mer fräihers gsachd. Edzer: Honorarprofessor der Kerologie. Sachd der zu mir: »Und, alter Haumdaucher, wäi immer?« Also hodder woohrscheins gmaand: Bank-auskunft vuurzeing, Waschn und Leeng. Fünf Hoorer nach vorner leeng, und wos aus die Ohrn rauswächst einigermaßen flächendeckend übern Hinterkopf verteiln. Hob ich dann obber gsachd: »Naa, nix wie immer. Haid amol einen Meireles.« – »An wos?!«, hod mi mei Hair-Styler gfrouchd, »wos soll ich aus dein Steckerlaswald am Kubf machen?!«

Edzer hod si rausgschdelld: Der kennt in Meireles nedd. Beziehungsweise den sei Kunstwerk am Kubf. Raul Meireles vo der portugiesischen Nationalmannschaft. Ein Bild von einem menschlichen Körper! Vom Hals bis noo zu die Knie wunderbare Bildla und schriftliche Mitteilungen neigfräst, teilweise sugoor zweifarbig, am Kinn hodder suu a Salafisten-Madradzn bambeln, also an Bart, wou er nachn Spiel glei die Kabiner dermiid kehrn koo und dann oomer am Kubf ein Traum von anner Frisur. Links und rechts glatt rasiert und derzwischn ein – ba der Autobahn dääd mer soong – Grünstreifen. In dem Fall Braunstreifen. Und sugoor nu hell gfärbte Strähnen drinner. Nach dem Motto: Strähnen lügen nicht.

Wäi mir nu Kinder woorn, homs uns ja immer – wenns wer nu wass – middn Nachtgieger Angst gmachd. In Portugal, nimm i oo, dou sachd die Mutter zu ihrn Glann: »Wenns draußn finster wird und du bist nedd dahamm, nou hulld di der Meireles.«

Wenn er nedd ba Portugal spielert, hoggerdin momentan in die Spitz vo mein Kirschnbaum. Weecher die Amsln. Obber wall ich momentan nedd flüssich bin, dassi die 20 Millionen Euro Ablösesumme zoohln kann, hädd ich wenigstens die Frisur vo ihn gwolld. An original Meireles. Nou konni mi selber in Kirschnbaum hockn.

Und wäi is also edzer mein Bader erklärt ghabt hob, die Frisur, hodder gsachd, dass däi doch nedd Meireles hassd. Des is ein Undercut mit Irokesen-Standstreifen.

Ein Undercut! Und in Fachkreisen sachd mer auch Kim-Bruns-Dum derzou oder suu ähnlich, benannt nach den 15-jährigen Kinder-Diktator vo Nordkorea, der wo die Frisur erfundn hodd. Und vo den hodds der Meireles abgschaut, und viel andere Fußball-Nationalspieler aa.

Wos uns däi mit ihrn wunderbar verzierten Fall- und Knallkörper dou in den Brasilien soong wolln, wass i aa nedd. Obber es schaut ja wergli saustark aus, odder? Und ich hädd halt edzer, wäi scho gsachd, mein extrem ausdruckschwachen Körper auch a weng verschönert. Obber es wird nix, hod mei Frisör gsachd. Erschdns langer meine fünf Hoorer aff goor kann Fall für den Mittelstreifen. Zweitens kost des ein Saugeld, der Udo Walz in Berlin verlangt dou 250 Euro derfiir. Und wenn i drittens doch drauf besteh, nou moußer gschwind vuur zum Rewe, a Värddl Pfund Butter hulln, wall, wenn die Haar über den Undercut, also der Uppercut, wenn däi kerzergrood nach oomer steh solln, des macht mer nicht mit Gel, wie fräihers der Dr. w. c. Guttenberg, sondern inzwischn mit Butter.

Und dou hobbi dann aff mei Verschönerung endgültig verzichtet. Als Buttercremdordn durch die Stadt laafn! Und nach drei Dooch in der Sunner bin i ranzich …

Sprachkurs im Klamottenladen

Amol Folgendes: Hob i neili einen Aufsatz gleesn, dass sich unser Sprach ständig ändert. Scho immer. Eingli häddis goornedd lesen braung, wall, des siggsd scho am Seehofer.

Den sei Sprach ändert si, konnsd soong, minütlich. Vuur allem inhaltlich.

Odder amol wech vom Dampfplaudern hin zu die normalen Laid. Mir hom doch fräihers, wenn uns wer wos ungemein Wichtiges erzählt hodd, hommer dernouch gsachd: »So, so« oder »Wosd nedd sagst!« oder »Ach goor!« odder goornix draff gsachd. Und edzer sachd mer »Okay«. Zum Beispiel, wenn wer zu uns sachd: »Haid hodder Reeng gmeld«, nou soong mir »Okääääääi.« Oder es sachd jemand: »Mir woorn haier fei in Florida.« Antwort: »Okääääääi.« Oder auf die Mitteilung am Bestattungsamt: »Mei Moo is gestern gschdorm«, kummd sofort die Beileidsbekundung: »Ihr Moo is gschdorm? Okääääääi.« Dou droo sichd mer also, wäi si die Sprach ba uns ändert. Is ja okääääääi. Dasser si obber glei suu arch ändert, wäi ich edzer däi Dooch gmerkt hob, des häddi nedd denkt.

Dou hob ich fräih mein Briefkasdn aafgmachd, dassi die 10 Pfund Prospekte glei in die Papiertonne umsortier widder. Obber an Broschbeggd hobbi mer rauszuung, vonnern Bekleidungshaus, wall i mer fiirn Herbst edzer a neie Huusn, Jäckla, Bulloofer und so weiter kaafn hob wolln. Sie, dou sin Sachn drinner gschdandn, des glaubst du nicht, dass suwos gibt. Und vuur allem wass mer ja nedd, wos des ibberhabbs is. Also zum Beispiel ein Bull washed Pullover Hoods, a Tank-Top odder a Softshell-Dingsbums mit Cargo-Pockets in Utility-Look 3 in 1 Sherpa Parka. Three in one Sherpa Parka? Also wie die drei Sherpa in einen Parka neibringer, is mir a Rätsl. Obber worschd – nach dreitägigem Studium hobbi mer nou denkt, dou konnsd du nedd eimbfach neigäih in den Loodn und soong, du willsd a Huusn odder an Kiddl. Däi verschdenger di ja nedd. Dou moußd di sprachlich auch a weng umorientiern.

Binni also nei in des Gschäfd und hob nou zu einer Verkaiferi gsachd: »Good morning, Her Holyness (Also Gumorng, Ihro Hoheit), I will namely buy a Bridge-Jacket against Bibbering«, also a Übergangsjäckla geecher die Kält. Und zufällich sich ich des Preisschildla vo anner Jobbn und sooch zu der Verkaiferi: »My dear Mr. Singing-Corporation! (Also, mein lieber Herr Gesangsverein!) Whole beautiful expensive, this Lap there! (Ganz schäi deier, der Fedzn dou!).« Und wäi ich nou gfrouchd hob, ob one not a little bit after letten can, also a weng wos nachlassn, preislich gseeng, schaut däi mich oo wäi a Kampf-Henner und brüllt, sie gibt mer glei a After-Letten.

Hod däi Frau kein Wort verstanden vo mein Ochs-Fort-Englisch. Obwohls däi ja in ihre Prospekte selber neigschriem hom, däi Softshell-Jackets und Bull washed Pullover Hoods und Tanktops und Daybreaker-Parka 1 in 3 Sherpas in Utility-Look mit Cargo-Pockets und Response-Shirt und suu weiter.

Hobbi also numol drei Dooch investiert und alles der Reiher nouch einwandfrei übersetzt. Und nou numol probiert, aff Deidsch desmool. Also z. B. däi Bull washed Pullover Hoods, hobbi gfrouchd, ob's mer däi amol zeing konn, däi gwaschner Rimbviecher mit Überzieher-Abzugshaube. Oder den Tank-Top, übersetzt die Panzerspitz und Softshell, also Weichbenzin, wos des is und ob's des efendwell auch als Soft-Aral oder als Soft-Esso gibt. Und wo ich die Tagbrecher-Parka 1 in 3 Sherpa in Nützlichkeits-Anblick mit Frachtgut-Geldbeutel, Cargo-Pocket, finden kennd. Nou sachd däi zu mir, wenn ich nicht augenblicklich Land gewinn und abhau, nou gräich i eine derartige Panzerspitz, dass mer mei Weich-Benzin ner suu ausn After rausschbrazzld. Nou hobbi gsachd »Okäääääi«, obber sie soll vuurher ihre schbidzichn Schou roo dou.

Bohnenalarm im Großraumbüro

Sie, im Fall, dass Sie eines Tages auch amol in Rentn gän-
ger – geem S' fei obacht, gell. Ner ja, wall an den Dooch,
wou Sie korz vuurn ledzdn Feieroomd Ihrm Scheff mit
tränenersticktem Oorsch zum Abschied numol affn
Schreibtisch scheißn, wissn S', wos nou kummd? Naa,
nedd der Betriebsfotograf zur Beweisaufnahme. Dou
kummd, glei am andern Fräih, kummd des berühmte
Schwarze Luuch, in des wou jeder Rentner neifläichd.

Also nedd des Schwarze Luuch im Universum, des
kummd masdns erschd a boor Joohr schbeeder ba unse-
rer Himmlfahrt. Sondern des Schwarze Luuch, wou die
Psychologen immer dervuur warnen, und wousd du
dann Weltschmerz gräigsd und Depressionen und Börn
Aut und Zeich und Woor.

Ja, und aus lauter Angst vuur den Schwarzn Luuch –
wissn S', wos dou bassierd? Hod edzer es Statistische
Bundesamt gmeld: Weecher den Schwarzn Luuch traut
si kanner mehr in Rentn gäih. Elf Prozent, homs sta-
tistisch ausgrechnd, ärwern freiwillich weiter. Tendenz
steigend. Konnsder ausrechner, wann dass goor kanner
mehr in Rentn gäihd. Nou hommer des Problem aa
glöst. Blouß, dass mir aus Angst vuur den Schwarzn
Luuch nimmer in Rentn genger odder goor weechern
Geld – also des glaab i nedd. Weechern Geld scho glei
goornedd.

Schauer S' her, der Ding, der berühmte Aus-Puff-
diregder Winterkorn, der hod allaans an Betriebsrente
3 100 Euro. Am Dooch. Dou kennd mer doch einicher-
maßen leem dervoo, odder? Naa, mir ärwern bis hoch
in die Achtzig weiter, walls suu schäi is in der Ärwerd.
Im Büro masdns.

Also ganz fräihers, dou hodds als Büro suu Säle geem, a Art Mehrzweckhalln odder an Stall für Massnmenschhaltung. Dou sin oft 500 odder 1 000 Laid masdns an Stehpulte gstandn. Schbeeder is mer nou mehra zu Einzl-Boxn überganger. Masdns verglast, suu a Art Aquarium. Vorna im gräißdn Aquarium der Hai, und in die glennern Glaskästla, gut überschau- und bewachbar, mir, die Kaulgwabbn. Und edzer vuur a boor Joahr homs widder es Großraumbüro erfundn. Die Innenarchitekten, odder wos des fiir Deppn woorn, ich wass nedd genau, hom gsachd, ein Großraumbüro is wesentlich effektiver für die Ärwerd. Hod teilweise scho gschdimmd.

Ich bin ja aa lang innern suu an Großraumbüro ghockt. Des woor eimwambfrei. Dou hodds zum Beischbill kanne Geheimnisse unter die Kolleeng geem. Dou wenn anner ganz weit vorna erschd an roudn Kubf gräichd hodd, dann dicke Ohrn und nocherdla drodz intensivsten Zammzwiggn an gnaddern loun hod – dou hommer alle gwissd: Bam Bemmerlein hodds gestern widder Bohnersubbn geem. Odder Gnallerbsn.

Odder der Ding, der – ich sooch edzer in Namer läiber nedd –, Sie, der hod im Summer Schwassler ghabt, also selbstschwitzende Füße, dass bereits nach a boor Minuddn die ganze Belegschaft gwissd hodd: Haid gibt's widder Baggschdaakees für alle. Odder Romadur. Hod der Betriebsrat dann Wäschzwigger ausgeem, fiir die Noosn. Und außer Mobbing hodds obber auch Solidarität geem: Wenn anner an grippalen Infekt ghabt hod – am andern Dooch hod solidarisch ba alle es Ruuzgleggla glaid.

Obber die wunderbare Innenarchitektur hod scheint's nedd jeden gfalln. Nach zwaa, drei Joohr sin die erschdn Gummibaumheckn pflanzt worn, dann suu spanische

Wänd als Sichtschutz, Rigips-Bladdn, absperrbare Türn –
und aff aamol woorns widder lauter Einzlzimmer. Klein-
raumbüro, nä. Däi bleim suu lang, bis widder amol
a größenwahnsinniger Innenarchitekt vorbeischaut. In
wos fiir an Büro däi ärwern, die Innenarchitekten, des
wass i nedd. Obber gut aufghuum wäärns zum Beischbill
in anner Gummizelln. Dou kenners nou auch weit übers
Rentnalter naus ärwern. Weecher mir bis zum Schwarzn
Luuch im Universum droomer.

Smart shicing oder die intelligente Wohnung

Morng gäihd in Närmberch widder die Consumenta oo.
Verbrauchermesse, nä. Gäih i nerdirli hii, is gloor. Und
zwar weecher den Ding, Smart Living. Falls wer nedd wass:
Smart Living, des hassd »Intelligente Wohnung«.

Sie, des is fei sehr indressand. Also, wos däi Wohnung
edzer fiir an Intelligenz-Quotient genau hodd, Abitur,
Mittlere Reife, Quali odder wos, des wass i aa nedd.
Obber a intelligente Wohnung, des is doch der Hammer,
Smart Living, des hodds doch fräihers nedd geem.

Nu vuur a boor Joahr a Wohnung, däi woor doch bläid
wie die Nacht finster. Wos hoddsn in suu anner Woh-
nung scho an Intelligenz geem? Wennsd amol nachts
nacher boor Seidla mid dein Bettpfostn blaudert hosd,
nou wassd bescheid. Null intelligente Antwort.

Und außern Bettpfostn – wos hommern nu ghabt
innera Wohnung mit halbwegs anner Intelligenz? Muggn,

Howergaasn, efendwell an Goldhamster odder Meer-schweinla, Silberfischla, Kellerassln, Ohrnhöhlerer und des woors nou scho.

Ach suu ja, Menschn woorn auch drinner. Obber däi braugst haid nimmer. Ner ja, wall a herkömmlicher Mensch konn suu a Wohnung odder goor a Haisla goor-nimmer derzoohln.Und drum hom mir edzer die selbst-ständig denkende und nerdirli aa selbstständig wohnende Wohnung erfundn. Smart Living, wäi der Franke sachd.

Asuu a Wohnung, däi wachd fräih aaf, schalt si ei, lässd die Rolloo naaf, machd si an Kaffee und schaut digital in Kühlschrank nei, ob nu wos drinner is. Wenn nedd, beschdellds onlein wos nach. Nou schald die Wohnung es Lichd ei, und falls doch nu ein Mensch in ihr drinner wohnt, nou schickts nern in die Ärwerd. Und kaum is der Mensch odder die Menschin in der Ärwerd, schalt die Wohnung mit einem Room-Controller – suu hassd der Zweit-Mensch – eine Anwesenheitsfunktion ei. Also sie imitiert uns. Nedd dass Einbrecher maaner, es is kanns dahamm und raamer die Wohnung aus. Also nou läffd die Wohnung a weng in der Wohnung rum, dreed in Radio oo odder in Fernseh. Nocherdla machts die Garaaschn-Tür aaf und widder zou, stellt die Heizung glenner und kontrolliert die Raumtemperatur.

Und wenn der Mensch oomds widder heimkehrt, nou kummd es Allerbeste: die Gesichtskontrolle. Hosd ja fräihers aa nedd ghabt. Derfiir obber ein Deooder middn Neikummer in die Wohnung: In die Huusndaschn lan-ger, Wohnungsschlüssl rauszäing, Wohnungsschlüssl ins Schlüsslloch, Wohnungsschlüssl rumdreher und suu wei-ter – ja, wos dou fiir eine kostbare Zeit vergeudet worn is! Jeden Dooch mindestens fünf Sekundn! Obber haid middn Smart Aufsperring, dou is dei Gsicht fei biometrisch vermessn, schdellsdi hii vuurn biometrischn Gesichtserkenner, zack! Scho gäihd die Tür nedd aaf, wall der Biometriker es falsche Gfries eiprogrammiert hodd. Nou ruft die Wohnung ihrn zuständichn Biometriker oo, vereinbart einen Termin, und värzza Dooch später bist scho drinner, in deiner Wohnung ihrer Wohnung.

Wos nou dou sollst in deiner ehemalichn Wohnung? Ja, is doch gloor: Smart Living, nä. Aff Deidsch: Nix. Wall, des macht alles die Wohnung. Obber ba aller Frcid dou driiber, dass mir uns mit der Zeit überflüssich machn: A boor Quadratmeter Wohnung gibt's nu, dou is middn digitalen Smart Living nicht weit her. Stichwort: Abord. Auch wenn dei Oorsch biometrisch vermessn is – obacht geem vuurn Abdriggn, gell! Wall digital, vo selber, gäih der Abortdeckl nicht auf.

Obber mittelfristig bin i aa dou hoffnungsvoll. Ba unserer Intelligenz – dou wer mer des demnächst scho aa nu erfinden: Smart Brunsing and Shicing. Odder wäi des nou hassd.

Die Suche nach der Schweppermänn-Street

Doudurch dass mir in unserm weldberühmdn Närmbercher Schadzkäsdlein nedd nerblous Broudwerschd, Lebkoung und die beedenden Hände vom Dürrer hom, sondern edzer die Schbillwoornmess, gwedschn si widder jeedn Dooch an Haafdn fremde Laid vo Jabban, China, Ameriga odder goor aus der Oberbfalz durch unsere middlalderlichn Gässla und Bauschdelln.

Masdns homs ja im allernexdn Umgreis vo zwaahunderd Kilomeeder a schäins Zimmerla gräichd mid Frühschdigg und mid zwaa Gwadraadmeeder, dass im Bargverbood ihr Audo fiir zwaahunderdfuchzg Euro abgschlebbd wird, dou homser si vielleichd aa scho droo gweend, unsere Messegäst, obber drodzdem beobachdn mir Joor fiir Joor an dera Schbillwoornmess immer nu einen schdargn Mangl, wos in geschmeidichn Umgang mid unsere fremdländischn Besucher bedriffd.

Und zwoor dreedsis dou drum, wenner suu a Jabbaner odder Ami einen Närmbercher Midmenschn nach irchnd anner Schdrass frouchd. Dou wern einem Ureinwohner masdns die Grenzn in sein weldmännischn Umgangsdoon aafgwiisn. Dou gräichd a ganz normaler Mensch aus Ziiglschdaa, Gibidznhuuf odder Schweinau ofd Herzmusgl-Schdörunga, der kalde Schweiß brichd nern aus und mer sichd direggd wäi er rein bsüchisch in sich zammfälld wäi a Sagg Wasser.

Soong mer amol a Ami frouchd middn in der Schdadd jemand nach der Schwebbermannschdrass. Nou gäids oo: Der Moo schaud am Himml naaf, am Buudn nunder und gräichd an roudn Kubf wäi der Sonnenuntergang vo Kap Dingsbums: »Wäi, wos, wohii mechersd – Schwebbermän-Schdried? Allmächd naa, die Schwebbermän-Schdried, die Schwebbermannschdrass. Mir lichds aff der Zunger. Grood hobbis nu gwissd. Wenn S' mi zwaa Minuddn vuurher gfrouchd häddn! Edzer warddn S' amol, Herr Misder, die Schwebbermannschdrass. Ja binni denn edzer ganz bläid!?«

Als Nexdes werd nou numol a Bassand mid nei verwiggld: »Horng S', Sie dou. Genger S' amol gschwind her«, sachd der Moo, den wou die Schwebbermän-Schdried suu schwer aff der Zunger lichd. »Dou is a

Moo direggd aus Neujorg. Des is fei in Ameriga. Nedd weid wech derfoo, wou mei Schwesder vuur fuchzg Joor middern Ami niiber is. Ner ja, däi is edzer aa scho widder gschiidn, gell. I hobsera glei gsachd, dass des middern Ami nix Gscheids wird. Der will edzer dou in die Schwebbermannschdrass. Naa, nedd der Moo vo meiner Schwesder. Der Moo dou aus Neujorg.«

Nachera halb Schdund siggsd nou sechs bis siem Mann am Gehschdeich ummernanderfuchdln und rumschreia iiber die Schwebbermannschdrass, die Scheidungsgesedze in Ameriga und ob mer zu anner Frau, däi wou vuur fuchzg Joor an GI gheirood hodd, edzer nu Ami-Schnalln soong derf. Ob der Messegasd aus Neujorg an den Dooch nu in die Schwebbermannschdrass kummd, is zimmli unwahrscheinlich.

Außerdem lassn aa die Fremdschbroong-Kenndnisse ba uns in der Schdadd schdarg zu wünschn übrich. Dou hodd däi Dooch a Engländer an Moo nach der Närmbercher Burch gfrouchd. »Please«, hodder gsachd, »where is the castle?« »Oh wäiherla«, hodd der ander gsachd, »dou sins ja dodaal verkeerd, gouder Moo. Nach Kassel – dou mäins aff die Audobahn Würzburch, nou Frankfurt und nocherdla Kassel.«

Und schäi is aa, wenn a Einheimischer maand, er schbrichd fließend ausländisch. Des klingd ba uns nou suu: »Haubdbahnhuuf? Du wollen Haubdbohnhuuf? Gehen nexde Schdrass links, nou groodaus, verstehen? Immer schauen, dann du sehen Haubdbohnhuuf. Du verstehen. Nix kabiddo. Nou schdeigsd mi am Buggl und kaffsder an Schdaddbloon.«

Urlaub am Tiergärtnertorplatz

Ball a Joahr lang hosd dein Rouh ghabt, mit den Kasch-
berla, obber edzer gäihd des Deooder widder oo mit der
schlimmstn vo alle schlimmen Froong: »Sooch amol, wou
foohr mern haier eingli hii?«

Ja, und edzer konnsd nedd soong »Südtirol, wäi immer,
warum?« Wall, fuchzg Joahr lang Südtirol mit Wandern,
Törggelen und Walnussgnabbern wäi die Eichhörnla –
des konnsd endgüldich löschn. Wall, hod mer edzer ein
mehrfach zertifizierter Tourismus-Manager gsachd, wall
haier schdäihd Kultur ganz hoch im Kurs. Land und
Leute kennenlernen. Hobbi dann dahamm gsachd, wos
affn Pogramm schdäihd – Land und Leute kennenler-
nen – und hob dann aa glei unser Urlaubsziel bekannt
geem: Värzza Dooch Närmberch, Sebalder Altstadt, Tier-
gärtnertor, entweder Café Wanderer odder Bieramt.

Sollerdi vielleicht nu ergläärn, däi Destination (sachd
mer dou heizerdooch derzou), also des von mir gebuchte
Urlaubsziel, des sin zwaa ganz glanne Werzhaiser unter-
halb vo der Kaiserburch, in an gibt's an Kaffee und im
andern ein Bier. Von den aldn Kastanienbaum amol
abgseeng kein Dach übern Kubf, also Freilichtspiele vo
fräi Zehner bis korz vuur Mitternacht. Und die beste Zeit
is Nammidooch suu ummer Fünfer rum. Und dou konnsd
du dann Land und Leute kennerlerner, des glabbsd nedd.
Also genauer gsachd: Leute beim Landgang.

Ja, wall dou an den Tiergärtner-Tor, dou wern jeden
Dooch Tausende vo Laid durchgjoochd, dassd middn
Kennerlerner ball nimmer nouchkummsd. Vorna droo a
Dame masdns, däi wo an aldn Reengschirm in die Häich
schdreggd, und hinter ihr der gesamte kulturelle Alm-
auftrieb: Ami, Chinesen, Japaner, Russn. Däi kummer

alle middn Schiff, aff den Main-Donau-Kanal. Sie, däi sin ferddich vuur lauter Kultur. Die Bräih läffd ihner untern Strohhut roo, manche dreeds die Aung raus, wenns a frisch eigschenkts Seidla Spalter Edelhell vo weitn seeng wäi a Fata Morgana, manche total abgmoocherd und nervlich am Ende. Dou hobbi fei oft den Verdacht: Däi mäin ihr Galeere selber rudern, suu sin däi banander.

Und nou rumblns rum: Dürer, Männleinlaufen, Schäiner Brunner, zehn Sekunden zur freien Verfügung, dou derfns an den Ring dreher und sich wos wünschn. In Gsicht nouch wünschn ser si, dass a Fee kummd und sie aff der Stell widder hamm nach Milwaukee zaubert.

Obber nix is: Sebalduskirch, Fleischbrüggn, Maxbrüggn, Lorenzkerch, Englischer Gruß – in dem Fall nicht »Goodbye aff Neveragainlooking«, aff Nimmerwiedersehen, sondern Englischer Gruß vom Veit Stoß. Nörmbörg in five Minidds, gschwind a boor oridschinäl fränkoniän Souvenirs eikaffd, Schwarzwälder Kuckucksuhr, Münchner Kindl als Stoffbubbn odder a Baseball-Käppi mit hiibichdn Plastik-Gamsbart, und nou widder draff affn Dambfer Deireggdschen Giversvillage, also Gebersdorf, Färdd, Uppermeikel-Creek, Obermichelbach. Und dauernd mäins alle fünf Minuddn excläimen »Oh, beautiful, nice, great, marvellous!« Wenn sie's nicht excläimen, nou, nimmi oo, kräings fünf Stund lang Straf-Rudern.

Ja, Freind, asuu a Kultur-Urlaub affn Main-Donau-Kanal is ka Zugger-, allerhäigsdns a weng a Oorschleggn. Und drum bleib i läiber dahamm, droomer am Tiergärtnertor unter den alten Kastanienbaum und schau die Urlauber-Sklaven zou – ba ihre schönsten Wochen im Joahr. Und des Seidla dunkls Hebendanz vuur mir, unter Fachgreise wäi in Egersdörfer auch als Schwarze

Anna bekannt, des is ganz gwieß ka Fata Morgana. Häigsdns nachn erschdn inhaltschweren Zuuch. Obber Zack! Schdäihd scho widder a neis vuur mir.

Der heilige Mammon

Der Hammer von Hammer

Des kummd Ihner edzer vielleichd a weng bläid vuur – des glanne Gschichdla, wou ich Ihner erzilln mecherd. Die Gschichd vo Hammer. Blouß ganz korzz.

Also Hammer is eine uralte Industriesiedlung in Lafferhulz. Lafferhulz is im Osten vo Närmberch. Läffsd die Bengerz naus, flussaufwärds. An a boor gschissne Wolgngradzer vorbei, Business-Tower, Gewerbegebiete, dass anner Sau grausn kennd (wenns nu Säu geeberd) – und nou kummsd nach Hammer. A Art Freilandmuseum. Dou hommer dann in dem Hammer ein ehemaliches Wohnhaisla odder zwaa, ein Uhrenhaus, Werzhaus, Schmiede, Bürohaus. Wohner und ärwern denner obber kanne Laid mehr in dem Hammer, is blouß nu zum Ooschauer. Obber schäi restauriert alles. Leider blouß äußerlich.

Innerlich – dou mäißersd ungefähr 350 Joahr zriggdenkn. Dou homs middn Wasser vo der Bengerz ein Hammerwerk oodriem. Desweeng: Hammer. Und die Hammerer woorn bragdisch Messingdrücker. Des Messing homs alle boor Wochn nei nach Närmberch brachd und verkaffd. Ungefähr 120 Laid hom damals vuur 350 Joohr in dem Hammer glebt. Metalldrücker, ihre Frauen, Kinder, Enkerla. Nerdirli hodds auch einen Ober-Medalldrücker geem, einen Chef, in Hammerwerkbesitzer.

Und edzer kummd des, wos haid in userm Kubf kann Bladz mehr hod und warum ich Ihner die Gschicht vo Hammer erzähl. Wall nämlich der Besitzer, der hod scheints gwissd (fast a weng suu wäi fräihers der alt Schickedanz und sei Grete in Färdd), dasser ohne seine Hammerer bragdisch a Depp is. Wall irchndwer mouß ja die Ärwerd machen. Und middern Teil vo den Geld, wou er in Närmberch mid der Ärwerd vo die Hammerer verdäind hod – ja, also, des Geld is komischerweis damals nicht zum Zinsen-Gräing aff die Bank kummer odder nach Liechtenstein stiftn ganger odder in der eichner Daschn verschwundn auf Nimmerwiedersehn. Des Geld – haldn S' Ihner fest – des is zum gressdn Teil in Hammer bliem. Und mid dem hod der Ober-Chef vo Hammer zum Beischbill a Schul baut für die Metalldrücker-Kinder, fiir seine Laid mietfreie Wohnunger mit Gmüüsgärdla, a Werzhaus mit Biergarddn, a Keglbahn. Und wall nou immer nu a Gerschdla dou woor, hod der Chef fiir seine Arbeiter regelmäßich nu wos abzweichd fiir eine Rente. Unfall-, Alters- und Witwenrentn. Nicht für sich, fiir seine Laid! Und ein Arbeitsplatz in Hammer – der woor unkündbar! Des glaam S' edzer nedd, nä? Obber is echt woohr, ohne Grambf. Kenner S' alles nouchleesn, wenn'S amol nach Hammer nauskummer.

Und wenn S' dann scho dorddn sin, nou hoggn ser si a weng affer Bänkla hii, horng der Bengerz zou und machen si Gedankn. Vielleichd dou driiber: Ob ein Chef, der wou haizerdooch sich aa um seine Laid Gedankn macherd, ihner a Schul baut und Wohnunger – also a Chef, der wou überzeugt is, dass seine Laid auch Menschn sin und kanne Fließbandwürmer – ob der haid nedd serfordd in die gschlossne Anstalt kummerd? Odder Gedankn dou driiber, ob mer unsere ganzn Zumwinkl, Leiharbeiterhändler, Quelle-Manager, ob mer däi nedd amol affern Betriebsausfluuch schickn sollerd in die glanne Industriesiedlung vo Hammer, wou mer die Mitarbeiter vuur 350 Joahr nedd ihrn Lebensinhalt abgnummer hodd, sondern läiber an groußn Teil vo ihre Sorng. Und wenn dann des ganze Gschwarddl dorddn is – vielleichd funkzionierd ja der Hammer vo Hammer nu, und dass mer

ihner dann schdadds aff Messing a bissala aff ihre rach-
gierichn Finger globfd. Juckn dääds mi scho. Obber derf
mer nerdirli nedd machn. Machn nedd – obber denkn
derf mer si's. Wall, Hammer schdäihd unter Denkmal-
schutz.

Die Rückzahlkarte

Sie, des neie Joahr fängt scho widder schäi oo. Ner ja, seit
dera Wochn hobbi Subbermarkt-Verbot. In welchn Sub-
bermarkt genau, sooch i nedd, wall, sunsd steh i demnächst
vielleicht sugoor vuurm Bundesverarschungsgericht in
Darmstadt. Und außerdem is worschd, in welchn Subber-
markt dass ich unangenehm in Erscheinung dreedn bin,
wall, ganz egal, wo du hiikummsd an die Kasse – überall es
Gleiche , überall sachd die Frau Kassnwartin: »21 Euro 83.
Hom Sie a Bäbäkaa?«

Ja, und edz is suu, dass ich haier aus Altersgründn
genau seit 10 Joahr ba uns dahamm zum Eikaafn eiteilt
bin. Also Jubiläum. Masdns pro Wochn an zwaa Dooch,
obber pro Dooch jeweils immer mehrmals, wall jeeds-
mool, wenn i hammkumm, hobbi die Hälfd vergessn
ghabt. Also mer konn soong, dass ich in mein zweitn
Leem als Subbermarkt-Einkäufer ungefähr 10 000 Mal an
der Kasse gfrouchd worn bin: »Hom Sie a Bäbäkaa?«

In die erschdn Joahr hobbi aff däi bläide Frouch ibber-
habbs nix gsachd, wall i nedd gwissd hob, wos des sei soll,
a Bäbäkaa. Manchmal, wenn i wo andersch wos eikaffd
hob, binni aa gfrouchd worn, ob ich Punkte sammel.

Punkte sammeln – fiir wos soll nern des gut sei? Ich bin doch nedd der Club. Also des bloß neembei.

Jedenfalls hobbi mi nou amol kundich gmachd, wos des is – eine Bäbäkaa. Und nou is mer erklärt worn. Ich hädds mer ja denkn kenner – des is englisch. Und es handelt si ba der Bäbäkaa um eine Payback-Card. Eine Zahlrück-Karte. Und wenn du die hosd, nou sparst du bam Eikaafn unheimli viel Geld. Deutlich mehr zum Beispiel, als wäi mer haizerdooch Zinsn gräichd aff sei Sparbichla, nämli ungefähr 1 Prozent. Also wennsd du um 10 Euro wos eikaffsd, gräigsders sage und schreibe um 1 Cent billicher.

Is im Grund gnummer nedd schlecht, nä. Obber edzer is ja suu, dass wenn du mit denni ihre ungraden Preise, wenn du dou, soong mer amol, 7 Cent Wechslgeld raus-gräigsd – nou schdäihd an der Kasse suu a glanns Schäch-dala, wo mer die 7 Cent widder neischmeißt. Fiirn notlei-denden Herrn Aldi odder Rewe odder wos wass iich wen. Und edzer soong mer amol, du hosd mit dera Bäbäkaa innern Joahr a Fuchzgerla Vermögen angschbart, obber gleichzeitig in des Käsdla insgesamt, übers Joahr grechnd, 5 Euro neigschmissn. Wo issn nou dou der Gewinn, ba 4 Euro 50 Verlust?

Also hob iich jeedsmool aff die Frooch »Hom Sie a Bäbäkaa?« »Naa« gsachd. Suwos tausnd odder zwaa-tausndmal hobbi des Deooder miidgmachd: »Hom Sie a Bäbäkaa?«, »Naa!«, »Hom Sie a Bäbäkaa?«, »Naa!« Wos i mer derbei denkt hob? Manchmal hobbi mer denkt: Wenn däi Kassiererin am Dooch tausndmal frouchd »Hom Sie a Bäbäkaa?« – also dera ihr Moo mecherd iich nedd sei. Wall, wenn der oomds im Bett amol niiberlangd übers Gräbala, frühlingsgefühlsmäßich, zischds doch vo der andern Seitn glei: »14 Euro 67. Hom Sie a Bäbäkaa?!« Dou vergäid's der doch, odder?

Also nach ungefähr fünf Joahr Befragung, ob ich eine Bäbäkaa hob, dou hobbi dann amol die Kassiererin gfrouchd, ob sie in ihrn Kubf unter anderem auch suu a Art Gedächtnis hodd. Wall, iich wär doch der, der überschlägich scho 5 000 Mal gsachd hodd, dass er keine Bäbäkaa hodd. Und des soll ser si edzer amol merkn. Odder aufschreim. Odder soll i mer a Mützn aafsedzn, wo ganz laut neigschdiggd is: »Bäbäkaa? Naa!«

Und edzer nou, ba mein 10-jährichn Jubiläum als Subbermarkt-Einkäufer, hobbi mein ganzn Mut zammgnummer, und bevuur die Kassiererin wos soong hod kenner, hobbis oogschriea: »Hom Sie a Bäbäkaa?!« Hodds gsachd »Ja, warum?« »Nou schäimsersis hintn nei. Und dann ganz fest zammzwiggn, dassis nedd verliern. Wall dou derfiir, glaab i, is die Bäbäkaa erfundn worn. Fiirn Oorsch.«

Abschied vom Sparbüchla

Ich wass nedd, kenner Sie zufällich in Herrn Röhl? A weng a Glennerer, dunkle Haar, nedd grood ausghungerd. I frooch desweeng – wall, der Herr Röhl, des is bragdisch mei wandelnde Kreditkarddn. Seid 25 Joahr, kenndns edzer scho ball sei. Ich hob aa scho a richdiche Kreditkarddn ghabd. Obber däi homs mer dann eizuung. Warum, wassi aa nedd.

Aamol hobbi in a weng an feineren Werzhaus, Restaurant hädd mer fast soong kenner, hobbi Ding, gespeist. Und wäi mer der Pinguin vonnern Ober die Rechnung in Leder gebunden hiigleechd hod – dou hobbin dann zimmli lässich mei Kreditkarddn überreicht. Nou hodder lang mei Kreditkarddn studiert, miich vo oomer bis undn oogschaud und nocherdla hodder mi gfrouchd, ob er mein Puls messn soll odder ob's eine ambulante Darmspiegelung sei derf, efendwell. Hobbin aus Verseeng vo der Barmer mei Kranken-Card hiiglangd ghabd. Und seidem kenn ich also in Herrn Röhl.

Ich kennern eingli nerblouß durch suu an schmalen Schlitz im Banzerglas – dou blauder mer immer a weng durch. Ich lang nern mei blaus Sparbichla durchn Schlitz durch und frouch seit 25 Joahr regelmäßich, ob noch ein Geld dou is. Dann sachd der Herr Röhl, dass wider Erwarten nu a weng anns dou is. Dann beschbrech mer in Club und die Färdder und in SC Feucht. Unterschrift, an Hunderter in glanne Scheine, Sparbichla durchn Drucker zuung, nu gschwind a bissla übern FC Bayern München abgläsderd. An schäiner Dooch, Adee, bis nexd Wochn widder.

Und mid die glann Scheine, däi wou ich aff der Bank vom Herrn Röhl gräich – des wern Sie goornedd wissen , dou kommer fei dermiid zoohln. Des is ein sogenanntes Geld. Und nu nie in däi 25 Joahr hod mir der Herr Röhl über ein spanisches Kreditkarddn-Betrugsunternehmen a weng wos abzweichd aus mein Sparbüchla. Odder sich mid die glann Scheine verzähld. Häigsdns, dasser si amol middn Club verrechnd hodd. Wenner gsachd hodd: »Edzer mäins obber am Samsdooch wergli amol gwinner geecher Bochum«, und sie hom widder verluurn. Obber sunsd – mid mein Sparbichla und middn Herrn Röhl, null Brobleme.

Und wäi ich edzer däi Wochn des gleesn hob, mid die Kreditkarddn: In an Joohr irchndwie durch suu a spanische Audomadn-Mafia homs ser si allaans ba uns 155 Millioner gralld! Und wemmer nu a weng warddn, sins vielleicht 500 Millioner odder Milliardn. Und sie mäin edzer 300 000 Kreditkarddn austauschn. Und dou hob ich mich dann scho gfrouchd: Warum sinnern däi Laid die ganzn Jahre nedd aa eimbfach zum Herrn Röhl ganger? Wenn es Gerschdla fort is, überstürzte Kreditkarddnflucht nach Spanien, nou braungs nimmer zu ihn hii, und froong, wäi am Samsdooch der Club schbilld und ob noch ein Geld da is. Und selbst wenn edzer nu a boor Cent dou wäärn – edzer is suwiesuu Schluss. Wall, der Herr Röhl gäihd nämli demnächst in Vorruhestand. Ich nimm oo: Für ihn wern a boor Audomadn und Kreditkarddndrucker eigschdelld. Dass die Mafia widder a weng wos zum Ärwern hodd. Und lang werds nimmer dauern, nou wern mir allerledzde Gnalldeppn mid unsern blauer Sparbichla auch durch Audomadn ersetzt. Und dann wär's nicht schlecht, wenn mir aff jeden Fall unser Krankenkarddn behaldn däädn. Wall Pulsmessn und eine Darm- beziehungsweise Hirnspiegelung braucherdn mir alle middernander dringend. Scho lang.

Obacht, Fortschritt!

Vollautomatisch zum Walberla

Wennser si nu erinnern – iich hob Ihner doch vuur a boor Wochn verschbrochn, dass mer ba Gelegenheid nu amol eingehend iiber den Fahrkarddnaudomadn vo der Deutschen Bahn plaudern. Wennser si nedd droo erinnern, is aa worschd. Iich ergläärs Ihner haid jeednfalls. Wall suu ein Fahrkarddn-Kauf am DB-Audomadn spart Zeit und Stress. Sachd die Deutsche Bahn.

Also iich hob neili zum Walberla nausfoohrn wolln: Närmberch, Ebermannstadt, Kirchehrenbach. Bin i im Haubdboohnhuuf an den Diggedaudomadn gschdandn. A halbs Schdindla lang – erschd amol zouschauer, wäi des die andern Laid machen. Nerja, dou hosd du die verschiedenartigsten Techniken beobachdn kenner. Die ann sin zu dritt odder zu viert vuur den Automaten versammelt gween, hom amol a weng hiidadschd (wall des is ja ein Dadsch-Screen, nä), nou homser si middernander beschbrochn, erreechd diskutiert, nocherdla mid der Faust hiighaut, dernouch mid zwaa Faisd draff rumdrommld, dann hodd, suwos nach zwanzg Minuddn, anner aus der Reisegrubbm gsachd, dass edzer der Zuuch scho fordd is, und nou sins ganger.

Der Nexde, wou dann drookummer is, der hodds ganz andersch gmachd: Blouß korzz hiigschaud an den Audomadn, ibberhabbds nedd draffdadschd, sondern glei widder abghaud. Der hod – wäis die Bahn ganz richdich sachd – vill Zeit und Stress gschboord. Dann a Frau: Däi hod mid den Audomadn gredd. »Bläids Audomadn-Glumb, bläids!«, hodds gsachd zu ihm und is ganger. Alles Laid hald, wou mid unsere dechnischen Errungenschafdn nichd Schritt halten kenner. Touch-Screen-Bläiderla. Audomadn-Hirnheiner, rückschdändiche, däi wou keine Ahnung hom, wäi mer haizerdooch vollaudoma-disch mit der Bahn nach Kirchehrenbach fährt.

Iich bin dann als erschdes in den Service-Point nei, dou gibds jede Menge suu Faltblätter fiir Bahnautoma-ten-Debberla. Hobbi mer anns rauszuung und genau durchgleesn. Schdäid ganz genau draff: »Nach Drü-cken des But-Tons ›Anderer Bahnhof‹ können Sie Ihren gewünschten Abfahrts- und Zielbahnhof über die Tasta-tur eingeben.« Also – is doch ganz eimbfach. Bin i widder hii zon Audomadn und hob währenddessen scho amol a weng iiber des Wort But-Ton nouchdenkt. Wos is edzer ein But-Ton? But-Ton, But-Ton – hobbi suu vuur mich hiigsachd, und scho hobbis gwissd: Du moußd einen But-Ton vo dir geem, wäi fräihers mid die Henner reedn, buuut, but, but. Und wäi is nou numol brobierd hob – »Buuuut, but, but!« – nou hod aff aamol a Moo hinder mir gschriea: »Zieber, Zieber, Zieber!« Der hod fräihers scheinds aa Henner dahamm ghabd. Und Zieberla. Nou hodder obber in a weng an barschen But-Ton zu mir gsachd, dass i edzer endli draffdriggn soll aff den Touch-Screen.

Woorn suu Fähnla draff aff den Bildschirm – die deut-sche Flagge, die englische und die türkische middn Halb-mond. Ner ja, mir hom inzwischn scho Vollmond ghabd, hobbi gschbasshalber amol aff die englische driggd. Und wergli is alles in Englisch kummer. Ja, obber wos hassd edzer Ebermannstadt und Kirchehrenbach aff Englisch? Hobbi den Moo hinder mir gfrouchd, ob des schdimmd: Boarmantown und Church-Honour-Creek? Ner der is vielleichd ausfallend worn, konn i Ihner soong. Er haud mer edzer glei mei Church-Honour-Creek und mei Ebermantown am Backn naaf! Und wenni zu bläid zum Dadschn affern Dadsch-Screen mit But-Ton bin, soll i zum Walberla naus laafn. Odder meine Hühner satteln. »Buuuut, but, but, but! Zieber, Zieber, Zieber!«, hodder nu lang brüllt, wäi er Neck over Head, also Hals iiber Kubf, ausn Service Point nausgrennd is.

Also ba aller Hochachtung vuur den Fahrkartenkauf am But-Ton – obber fiir suu Nerfmkaschber wäi den Moo sin däi Audomadn nix. Um Zeit und Stress zu sparen – dou moußd du die Ruhe bewahren. Suu wäi iich: In aller Ruhe ausn Hauptbahnhuuf nausganger und zum Walberla middn Auto gfoohrn.

Das krisensichere Gmüsgärtla

Edzer mid die Krisen der Reiher nouch – dou hobbi edzer fei scho oft vo däi Analzysten odder wäi däi hassn, hobbi gheerd, dass mer sei Geld in Schrebergarten-Immobilien ooleeng soll. Ohne Grambf. Wall, is ja gloor: Wenn eine Imbflandazion kummd – vo drei Unzen Feingold, dou konnsd du nicht runderbeißen. Es sei denn, du hosders in anner Zahnluckn drinner. Obber a Gärddla in Muggnhof, Baggerloch, Sündersbühl odder im Burchgroom, total krisensicher.

Und ibberhabbs gäihd der Trend vull widder zum Nebenerwerbs-Erdbeerzubfer. In dein Gärddla, dou hosd du Gurgn, Reddich, Radiesla, Salood, Zwedschger, Bodaggn, Schwarzwurzln, Zwiebeln. Und vuur allem dei heiliche fränkische Rouh. Des sachder a jeder Romandigger.

Obber in der Realidääd, Freind, dou schauds mid Ackerbau und Viehzuchd fei scho a weng andersch aus.

Ich zum Beischbill mid meine 50 Quadratmeter krisensicherer Fruchtwechselwirtschaft – maaner Sie, ich hädd gwissd, wos ein Dickmaulrüssler is? Odder die gefleckte Apflwicklermade? Odder die Johannisbeerblasenlaus? Sie, dou grabbln Viecher in Ihrm Garten ummernander, dou kennsd an eichner Raubtierzirkus dermiid aafmachn. Und von wegen krisensichere Geldanlage! Des Getier, des frissd di arm!

Es aanziche, wos ba mir einichermaßn wächsd, des sin Queckn. Ba mir, dou kummd der Kleine Frostspanner nu ungezügelt in freier Wildbahn vuur. Nou hobbi die Gallmilbe, Schildlaus, Möhrenfliege, Zwiebelfliege, Fruchtfliege, Kellerassel, Muckn, Websn, Hornissn, Wühlmaus, Wasserradzn, Marder, Siebenschläfer, Iltis, Autobahnrastplatzspanner, Eichenprozessionsspinner, die Tomaten-Made in Germany, Maulwurf, die spanische Nacktwegeschnecke und die hessische Schwarzgeldraupe (ner däi is edzer zriggdreedn, däi doud mer nix mehr). Dann hobbi nu in Wickelbohnentriefel, in Gras- und Heuloidl, Fußpilz, Maierkäfer, Mottenschildlaus, die deutsche Rebgallmilbe und Milliardn vo Omassn. Und des Ganze nennd si nou Natur!

Dou bleibt vo deiner Agrikultur nou im Herbst bam Erntedankfest nimmer vill übrich, wennsd nedd energisch und nachhaltig dergeeng ankämbfsd. Mid Kärchern und Zoubetoniern allaans is dou nedd vill gholfn. Dou moußd scho schwerere Geschütze auffoohrn. Wall, nou hommer ja in unserm Biodoof nu an Haffdn Ungraud und Moos und dauernd des scheiß Wetter. Ja, dou braugsd du jede Menge Ungraud-Vernichtungsmittel, Moos-Tod, Ultra-Schall, Selbstschussanlagen, Ameisenköder, Wespenschaum, K.-o.-Tropfen, Blaukorn.

Odder zum Beispiel des Lindan. Lindan geecher Ungeziefer. Drei Gramm Lindan – däi langer, dass eine Tonne Heuschreckn und Grashubfer ins Gras beißen. Echt wahr. Des homs obber leider verboten, des Lindan. Konn i verschdäih, dass des verbuudn hom – wall, wou willsd du edzer in deim Schrebergärddla in Muggnhof gschwind eine Tonne Grashubfer herbringer?

Sie, machmal kumm i mer in mein Kambf für eine saubere, ordnungsgemäße, schädlings- und ungezieferfreie Natur, kumm i mer vuur wäi däi Lochstopfer driimer im Golf von Mexiko. Wissen S' scho, wous den Bfrobfn vo den Bohrturm rausghaud hod und sich edzer es Erdöl middn Meerwasser vermischt. Inzwischn aff anner Fläche suu grouß wäi Middl- und Oberfrankn middernander. Also deutlich gräißer wäi mei Schrebergärddla.

Obber Helm ab! Däi Ölbohrer im Golf von Mexiko sin wesentlich erfolgreicher in ihrn Kambf für eine saubere Natur. Ich schädz amol, die braung häigsdns nu achd Dooch, nou hom sie's gschaffd. Nou is des ganze Ungeziefer – Fiisch, Wale, Vögl, Seehund, Schildkröten und suu weiter – aff anner Fläche vo vielleicht 20 000 Quadratkilometer biologisch beseitigt. Und es Meerwasser aa. Nou blouß nu a Mauer rum ummern Golf von Mexiko, und Milliardn vo Hektoliter naturreines Rohöl sin für die Nachwelt gerettet. Und im Prinzip genau asuu mäin mir in Zukumbfd mid unsern Schrebergärddla in Muggnhof vuurgäih, mir Leichenprozessionsspinner.

Wir Facebook-Deppen

Wäis mit Ihrer Zukunftsorientierung ausschaut, wassi nerdirli nedd. Obber zum Beischbill ba mir – dou is zabbnduster. Dou kenner S' mi in Ihr Kichnbüffee neischdelln, als trübe Tasse. In meiner Eigenschaft als Prophet bin ich eine Vollpfeife.

Wall vuur zwanzg Joahr ungefähr is gween, wäi des langsam ooganger is mit den Laptop und Leberzirrhose, odder wäi des ghassn hodd, mit digitaler Datenautobahn, Miggro-Chip, Computer, World Widc Web, Homepage und den ganzn Graffl – wissen S', wos ich damals gsachd hob? Des konnsder ans Baa hiischmiern, hobbi gsachd, des konnsd vergessn, in värzza Dooch is der Anfall vo akuten Größenwahn mit der Vernetzung der Welt und des Universums vorbei, und mir kenner si widder auf die wesentlichen Sachen im Leem konzentrieren: Tagsüber ärwern, oomds Sofa, Freitag Werzhaus, Samsdooch Subbermarkt und Autowaschen und suu weiter – hob ich Depp gmaand, nä. Und wos is edzer?! Nach nerblouß zwanzg Joahr! Edzer scheißns uns zou mid I-Phone, I-Pad, E-Book, Twitter, Facebook, E-Mail, D-Mail, Touch-Screen, I-Pod, Street-View, W-Lan, Navi, Ei-Bett, Himmlbett und wos wass iich nu alles.

Erschd den Fräih hob ich aff mein Drecks-Computer widder Mails reigräichd, dass mer aus meiner personal Festbladdn ball in Vuugl nausbfiffn hodd. Ob ich, homs mi dou ausn Weltall gfroucht, ob ich aff mein I-Dingsbums scho die neuesten Anwendungen hob, also Apps hassn däi. Wenn nedd, sollis serfordd downloaden. Und zwar Foto-Stream und I-Cloud. Dann Wi-Fi und 3G, Face-Time, I-Movie, Garage-Band, I-Tunes und vuur allem I-Pad Smart Cover.

Edzer wassd du nerdirli als zertifizierter I-Doldi nedd, wos des alles sei soll. Homsis obber für uns Facebook-Rimbfiecher hiigschriem extra. Dou schdäihd zum Beischbill ba den App I-Pad Smart-Cover: »Es hält magnetisch und schützt das Display. Es weckt dein I-Pad auf und klappt es in den Schlaf. Und du kannst es zum Ständer falten, um Videos anzusehen oder zu tippen. Jetzt kaufen!« Ohne Grambf, schdäihd echt dort: Ich soll mer wos kaafn, wos mei I-Pad aufweckt, in den Schlaf klappt und des wo ich zum Ständer falten kann. Ner däi Laid, wou mir suu an Schwachsinn mailen, däi hom doch nimmer alle Apps aff ihrn Smart-Phone! Däi Laid sin doch nedd ganz upgegradet!

Falls des ibberhabbs Laid sin. Wall suvill hobbi edzer scho gmerkt: Es richdiche Leem findet haizerdooch im falschn Leem statt, im virtuellen. In dein glann I-Grambf, I-Cloud odder I-Phone, dou drinner, dou konnsd du wohnen, essen, trinken, telefoniern, Geld abheem, Geld ausgeem, Urlaub machen, ärwern, Musik komponiern, Sprachen lerner, Jura studiern, Doggder-Arbeiten kopiern, Schafkopfen, medizinische Selbstheilungen vuurnehmer, operiern und du konnsders, wäi scho korzz erwähnt, nachtsüber zum Ständer falten. Ja, mehr kommer vom Leem doch goornedd erwarddn, odder?

Häigsdns, dass demnächst aff suu a I-Phone mit seiner I-Cloud nu suu an zehn Zentimeter breiten Plastikring draff machen, mit in der Mittn nix drin, also braggdisch suwos wie a Klobrilln, dass mer in aller Ruhe draff scheißn koo. Obber nedd digital odder virtuell, sondern in echt. Obber woohrscheins dääds nix nüdzn. Wall, wenn haier, Ende des Jahres, die Welt untergeht, die richtige – des is denni Apple-Gobel doch worschd. Des merkn däi ibberhabbs nedd. Habbdsach, virtuell und digital bleibt alles bam Altn.

An der Front der Parkhaus-Panzer

Sie, wos iich däi Dooch miidgmachd hobb, des glaam Sie nedd. Und edzer hobbi die Schnauzn wergli gschdrichn vull! Des mouß edzer endli amol gsachd wern: A jeder derheergloffne Ministerbressidend odder wos red weecher dera drohenden Energieknappheit Dooch und Nacht und wenn's draff ookumd aa nu Samsdooch und Sunndooch vo die nachwachsenden Rohstoffe. Nachwachsende Rohstoffe! Obber zum Beischbill vo nachwachsende Parkplätz odder vo nachwachsende Parkhäuser, dou red ka Mensch.

Und zwar weecher däi SUV, nä. Hassn denners eingdli Ess-juu-wii – nerdirli widder Englisch: Sport Utility Fehicle mit Vau, Vogel-F – und sin angeblich Autos. Ner fraali: Autos! Die nächstgräißere Ausgab vo suu an SUV, des sin G'lenk-Omnibus vom VGN. Vor Jahren, korzz bevuur däi SUV, im Voll-SUV woohrscheins, entwickelt worn sin, dou homs in der Auto-Industrie gsachd, dass edzer nou ball es Drei-Liter-Auto kummd. Drei-Liter-Auto! Drei Liter stimmt scho – wall, drei Liter Fassungsvermögen hod edzer scho allaans der Aschnbecher vo suu an SUV.

Obber damals, wäis den SUV erfundn ghabt hom, dou sin däi Acht-Mann-Banzer nerblouß vereinzelt vuurkummer. Sin ja kaum ins Gwicht gfalln, däi Geländewoong. Is ja gloor: Wo gibt's 'n ba uns nu a Gelände, dassd mid dein 300-PS-Bulldog drinner ummernander brettern konnsd? Obber inzwischn gräichd ja jedes halbwegs 18-jährige Kindlein fiirn Schulweech ab 500 Meter Gesamtlänge einen SUV vom Osterhoos.

SUV, hobbi gleesn, sin inzwischn die beliebtetsten Auto ba uns. Ja gut, wennsd sechzg- oder siebzg- oder hunderttausend Euro grood übrich hosd fiir dein achtgängigen Sinn des Lebens, beziehungsweise Unsinn. Obber iich, wäi ich mir vuur ungefähr zeha Joohr suu a Art Seifnkistla kaffd hob, ich hob also dou grood kanne hunderttausend Euro zum Wechschmeißn übrich ghabt.

Und edzer bin ich also däi Dooch in ein Barghaus neigfoohrn in der Stadt, schdell mi links vonnern suu an SUV in die Restbarglückn nei, souch nu mein Grembl im Auto zamm, will aussteing – und in den Moment hod neber mir numol a Moo sein SUV eibargd. Hodder nu riibergschriea zu mir, warum dass ich Doldi an halm Meter iibern Markierungsstreifn naus parkt hob, und nou isser ganger. Hobbi aus mein Grischberla vo Auto aussteing wolln, is mei Tür obber grood nu suu ungefähr 15 Zentimeter aufganger. Häddi vielleicht vuurher bam Brunner des Schaifala nedd essn solln, nou wär i zwischer däi zwaa bridscherbraadn SUV vielleicht nauskummer. Hobbi nocherdla mei Jackn auszuung, halmi durch den Spalt ins Freie gwedschd – und nou binni mit die offenliegenden Huuserdrächer an der Fensterkurbl hängerbliem. Halmi drinner, halmi draußn, Huuserdräächer verwerrdld – wos magsd edzer? Hobbi geistesgeengwärddich die Clips vo die Huuserdrächer aufklappt, dassi mi in die Freiheit nausärwern konn. Freiheit hobbi nou scho ghabt, nämli fast komplette Beinfreiheit – is mer die Huusn in die Kniekehln noogrudschd. Und der Gummizuuch in meiner Feinripp-Underhuusn hod a kann rechdn Zuuch mehr ghabt. Mid den an Baa im Freier binni a weng in die Knie ganger, und mid der an Händ hobbi mi an den gschissner SUV neber mir fesdghaldn. Und in den Moment, wo ich undnrum leicht entblößt und in anner scho a weng komischn Stellung dou neiklemmt gween bin, in den Moment kummd a Frau vorbei und frouchd mi, wos ich dou mach. Hobbi eingli soong wolln: Ich bin Esoteriker und mach grood an vo die fünf Tibeter. Obber bevuur i's soong hobb kenner, binni mid der rechdn Händ aus Verseeng an die Scheimwaschanlooch hiikummer. Hodds a weng gschbridzd, bis zu dera Dame vuur. Schreit däi mich oo: »Ja, dou heerd si doch alles aaf! Drimmer Auto foohrn – obber ka Fuchzgerla fiirn Abort ausgeem wolln!«

Und des Schimpfwort, des hundsordinäre, wous mer zum Abschied nu nouchgschriea hod – des sooch i edzer nedd. Des schreib i aff a Bläddla Klobabier und schick's den Moo, der wou seinerzeit die SUV erfundn hodd.

Gravitationswelln

Hut ab vuur der Wissnschaft! Odder nu besser gsachd: Huusn roo! Wall, wos edzer unsere Wissnschaftler in ledzder Zeit widder entdeckt hom – unglaublich. Also vom Allgemeinnutzn her gseeng, fortschrittsmäßig. Erschd vuriche Wochn homs zum Beischbill des Ding wieder entdeckt, des Glyphosat. Und a Wochn dervuur homs bekannt geem, dass eine Weltsensation ausfindig gmachd hom im Universum: die Gravitationswelln. Obber dou kumm i nou nu draff zrigg.

Erschd amol des Glyphosat. Also wos des genau is, wass i aa nedd. Jedenfalls is des vuur 65 Joahr erfundn worn, auch widder von einem Wissnschaftler. Obber korzz dernouch woors verschwundn. Blouß als Unkrautvernichtungsmittel is da und dort manchmal verwend worn. Und edzer hom sie's fei wieder gfundn. Und zwar – haldn S' Ihner fest! – im Bier is des Glyphosat widder aufdauchd. Und zwar pro Seidla durchschnittlich 0,35 Mikrogramm. 1 Mikrogramm is – a Millionstl Gramm. Und wos machn edzer 0,35 Millionstl Gramm innern Seidla Bier? Sie erzeugen, soong die Wissnschaftler, eine schwere gesundheitliche Bedenklichkeit bis hin zur Krebserregung. »A Bier, krebserregend, gesundheitlich bedenklich?«, wern Sie edzer soong, »Ja, dou lach i doch grood naus!« Obber woohrscheins nimmer lang.

Außerdem hodds die gesundheitliche Bedenklichkeit vonnern Bier scho immer geem. Wennsd du zum Beischbill eine Bedienung im Werzhaus a weng bläid oogredd hosd – also meinertweeng am Freidooch Oomd gfrouchd, wann edzer des von dir vuur annerhalb Stund bestellte Bier kummd, du moußd am Mondooch Fräih widder in die Ärwerd –, ja, dou hodds der bassiern kenner, dass der Kellner im Zuge der Schaumaufbesserung ins Bier neigschbodzd hodd. Zammds seine ganzn Bazilln. Also, wenn des nedd xundheitlich bedenklich is – bei allem Reschbeggd vuur anner schäiner Schaumkrone –, nou wass i aa nedd.

Obber edzer, zusätzlich zum Kellner sein Drimmer Kudderla aa nu däi 0,35 Millionstl Gramm Glyphosat. Woohrscheins kummers demnächst derheergschissn, die Wissnschaftler, und behaupten, im Bier wär ein Algerhol drinner. Und mer werrerd bsuffn dervoo. Und bläid im Kubf! Obber des mit den Glyphosat is gutachterlich erwiesn.

Blouß gut, dass in der Wissnschaft für a jeds Gutachten auch immer nu ein Gegengutachten gibt. Also ein Schlechtachten. Und ein weiterer Wissnschaftler, wo des Schlechtachten verfasst hodd, der hod wissnschaftlich nouchgwiesn, dass mer vo anner gesundheitlichen, krebserregenden Bedenklichkeit bloß reden kann, wenn ans täglich 1 000 Liter Bier trinkt. 1 000 Mouß Bier am Dooch?!

Ja, des hobbi nou scho genau wissn wolln, wissnschaftlich, nä. Hobbi an Freind vo mir gsachd, er soll si hald aa amol in Dienst der Wissnschaft stelln und einen Dooch lang neibressn, wos ner neigäihd. Mit Ach und Krach – affn Krach kumm i nou glei nu – hodder 25 Seidla neibrachd. Und wäi er nou in seiner Eigenschaft als wissnschaftliche Versuchsanordnung dahamm am Sofa gleeng is, vuur sich an gut gefülldn Budzaamer, hobbin gfrouchd, ob er scho wos spürt, dass weecher den Glyphosat wos pathologisch Relevantes in ihn aufschdeichd, und er hod unter leichten Fibrationen der Gesäßmuskulatur mit letzter Kraft gröchld: »Ich glaab scho. Obacht!!!« Und nou – doud mer edzer leid, ich konns nedd anders soong –, nou hod der detonationsartig einen gnaddern loun, dass ball die Fensterscheim nausdriggd hädd.

Und edzer kummds: Die Schallwelln vo mein Freind sein Bierschieß, däi homs Sekundn schbeeder driimer in den Weltraum-Observatorium in Amerika nu gmessn. Und des, des sin die Gravitationswelln gween, Herkunft (hom aa die Wissnschaftler gsachd): eine Art Urgnall ausern Schwazzn Luuch.

Chronisch doof

Ja, horch amol – homs denni Laid dou im Bayerischn Wald und im Fichtlgebirch, homs denni wos in Kaffee neidou?! Edzer wolln däi ka atomares Endlager! Obwohls die für unsern Fortschritt verantwortlichn Wissnschaftler däi Dooch extra numol gsachd hom: Mir braung für unsere Kernkraft-Abfäll irchndwo wos Unterirdisches, schäi eigsaimt in einen Salzstock, in Ton und vuur allem Granit, und wemmer des gfundn hom, dou werd nou unser radioaktiver Schutt der Reiher nouch neigschlichd. Und zwar ungefähr eine Million Joahr lang. Und, ganz wichdich: Des Loochala, des kann überall in Deutschland hiikummer, wo's ein Salz gibt, an Lehm und an Granit.

Also wennsd du zum Beischbill in dein Schrebergärddla hoggsd, wo der Buudn a weng lahma-haldich is, und zäigsder zum Veschber an Rettich, der wo reichlich eigsalzn werd und hosd zu allem Überfluss hinder die Gmüsbeete aa nu einen Steingarten – nou konns durchaus sei, dass der demnächst zwanzg- oder fuchzgtausend Kubik Atommüll in dei Gärddla neischüddn. Obber dou braucht mer doch desweeng nedd suu a Deooder machn wäi edzer die Laid zum Beischbill im Fichtlgebirch. Sins doch selber schuld!

Ner ja, wall ungefähr vuur hundert Joahr sins derhinderkummer, dass mer Atomkernla schbaldn konn und dass dou derbei a weng schebbert und a bissala strahlt. Und nou häddns hald damals scho oofanger kenner in ihrn Fichtlgebirch, dass a weng aafraimer: In Granit ausgroom und fordrollern, in Lehm niiber nach Thüringen foohrn, es Salz in Düüdn abpackn und verkaafn – nou wäärns haid, wo's langsam brenzlich werd, ausn Schneider.

Odder sie loun si gscheide Argumente eifalln. Ungefähr suu wie unser bayerische Umweltministerin. Däi is die Dooch gfrouchd worn, ob sie gern unter ihrn Wohnort ein Atommüll-Endlager hädd, und nou hodds geantwortet: »Das ist nicht die Frage.« Und nou hodds vo wos ganz andersch gredd. Suu kommers auch machn – in aller Ruhe, schäi vornehm, und nedd dauernd rumbrülln: »Schütt Euern Scheißdreeg hii, wo er wolld, obber nedd zu uns!«

Und außerdem solln si die Laid im Fichtlgebirch amol kundich machn. Asuu a Endlager is ungefähr zweihundertprozentig sicher, mindestens. Gut, auch 200 Prozent kenner irchndwann amol a weng hinfällich sei, und dass nou durchs Salz, durchn Lahma und durchn Granit a bissala durchstrahlt, die Radioaktivität. Ner und? Wos bassierd nern nou dou?

Bragdisch nix, hobbi edzer in einen wissnschaftlichn Artikel gleesn. Alles, wos auftretn kennd, sin: Übelkeit, Hautrötungen, Schwindel und Haarausfall. Und dann hassds nu: »Im schlimmsten Fall stirbt der Mensch.« Ja Gott, sterm mäi mer alle amol. Und dann mouß mer ja aa nu wissn, dass däi Strahlungen nedd ewich dauern. Plutonium zum Beispiel strahlt nerblouß 240 000 Joahr, a bestimmte Sortn Uran 44 Milliardn Joahr, des Element Tellur sieben Quadrillionen Joahr – und scho hodds ausgschdrahld. Des wer mer doch derwarddn kenner, odder?

Und wenn S' nedd wissn, wos bis dorthii, bis die 7 Quadrillionen Joahr rum sin, wos S' suu lang dou solln – nou lesen S' amol des Buch vom Jules Verne, »Die Erfindung des Verderbens«. Des handelt vonnern Wissnschaftler, der einen hochexplosivn Stoff erfind, mit dem wo er alles Leben um sich rum und sich selber in die Luft joochd. Und der Wissnschaftler is vo Haus aus chronisch geisteskrank.

Leider gibt's des Buch nerblouß nu antiquarisch. Mir häddns halt vuur 100 Joahr lesen solln. Vuur allem die Atomphysiker. Ein Zitat aus den Buch konn i Ihner gschwind nu vuurleesn. Dou sachd anner in Bezug aufn Fortschritt: »Die Menschheit ist hohl.« Ob der Hohlraum mit Salz, Ton und Granit ausgfülld is und mit sunsd nix – des werd momentan nu wissnschaftlich erforscht.

Und in jeds Auto bruns mer aweng nei ...

Ich nimm oo, Sie kenner des schäine Liedla vom Maximilian Kerner iibern Glubb, wous im Refreng hassd: »Mei Nachbern soong, ich gherrerd inner Derabie – und an jeeds Münchner Auto bruns mer a weng hii.« Dou kumm i dann schbeeder numol draff zrigg. Wall, also der Glubb is scho aa ans vo meine schwerwiegenden, fast existentiellen Probleme.

Obber momentan hobbi nu ein viel schwerwiegenderes Problem. Und zwar Folgendes: In ganz Deutschland gibt's ja Deppen. Homs ausgrechnd, insgesamt genau 13 Millionen Deppen. Und edzer wern ser si scho denkn, wer ba die Voll-Haichdala derbei is? Genau: Ich. Ner ja, wall ich hob nedd nerblouß a Auto, sondern zu allem Überfluss auch noch einen Diesel. Und suu wäis ausschaut, wern däi 13 Millionen Diesel demnächst ausn Verkehr zuung. Weechern Ding, weechern Feinstaub.

In Stuttgart homs däi Dooch scho oogfangt. Gut, nach Stuttgart wer ich woohrscheins in den Leem nicht mehr foohrn. Wall, vo denni ihrn Dialekt gräichi immer suu belziche Ohrn. Obber ich hob edzer scho gheerd: Auch ba uns in Franken werd's immer feinstaubiger, und nou konn i mein Diesel zwar nu verwendn, obber nimmer in Motor. Als Garddnhaisla kenndin ausbauer, odder an Gaul dervuurschbanner. Odder dass mi mei Restfamilie jeden Dooch in die Ärwerd neischäibt. Obber selbstfüßig foohrn – nix mehr!

Edzer wern Sie nerdirli froung, wäi dass mer seinerzeit asuu a Gnalldepp sei hod kenner und sich einen Diesl kaafn? Konn i Ihner scho soong: Wall alle, vo der Bundeskanzlerin iibern Verkehrsminister, VW-Vuurstand bis noo zu mein Autoverkaifer, alle homs gsachd, dass ich mir mit einen Diesl bragdisch einen fahrbaren Luftkurort kaaf. Auf Wunsch auch mit Pfefferminzgschmack im Auspuff. Wennin 200 000 Kilometer fahr, nou gräich i vom Dobrindt die Nahdampfspange überreicht. Und wenn's mit die Abgaswerte suu weiter gäihd, zahlt mer die Krankenkasse mei monatliche Benzinrechnung.

Ja, und edzer? Edzer gräicherd ich nicht amol mehr die grüne Blakeddn. Vo der blauen Blakeddn goornedd zum Reden. Ibberhabbs kenn i mi mit däi Blakeddn (a ganz schwieriger Begriff, Blakeddn, mit harddn B, an k und zwaa hardde d), also mit die Bläbbala, dou kenn i mi ibberhabbs nedd aus. Blaue, grüne, rote Bläbbala. In Stuttgart zum Beischbill derfsd edzer blouß nu mit die blauer Bläbbala rumfoohrn. Und ich nimm oo, jede Gemeinde gräichd demnächst a Farb zoudeild: blau, grün, rot, orange, lila, braun, türkis, gold, silber, violett, purpur, hennerscheißfarben. Und wos d' nou es entsprechende Bläbbala farbenmäßig hosd, dou derfsd hiifoohrn.

Ob edzer zum Beischbill Kreuzfahrtschiffe aa asuu a Bläbbala gräing, wass i nedd. Dou braucht ans dervoo täglich 150 Tonnen Diesl, und wennsd 15 Kreuzfahrtschiffe nimmst – däi hauer suvill Feinstaub naus, wäi alle 750 Millionen Pkw, wos weltweit gibt. Sin obber sehr umweltfreundlich. Wall, wenns undergänger, nou läffd der Diesl ins Meer und nach zwanzg, dreißg Joahr – es Meer is ja sehr tief – siggsd nix mehr dervoo.

Ach suu ja, fiir mein aldn Huubl gibt's vielleicht aa nu a Rettung. Und zwar mouß mer sein Diesl, hobbi gleesn – echt woohr fei! – mit Harnstoff mischn. Nou entsteht kein Feinstaub. Mäißerd mer nocherdla nerblouß in Kerners Max sei Lied textlich a weng abändern: »Meine Nachbern soong, der konn nedd ganz gnusbrich sei, wall jeedn Dooch, dou brunst er in sei Auto nei.«

Kampf gegen die Blätterpest

Ich wass edzer nerdirli nedd, zu welcher Partei dass Sie gherrn. Also nedd politische Partei – viel, viel wichdiger. Ner ja, wall es gibt ja ba uns zwaa ganz wesentliche Lager im Land odder Gruppierungen: die Laubsauger-Gegner und die Laubsauger-Befürworter. Und kaum bambln edzer im Herbst die erschdn Blädddlein dou hii, wos eingli nix verluurn hom, nämli affn Buudn noo – dou gäihd des Deooder widder oo: es Rumbfobfern über die Laubsauger. Die an laafn mit Drimmer Ohrnschützer in Feld, Wald und Flur und im Schdaddbarg ummernander, die andern schütten si vuur ihrn Wohnzimmerfenster an glann Lärmschutzwall aaf. Und widder andere, edzer mehra die Befürworter, däi schreim Drimmer Gedichte, Lyrik, nä, zur Lobpreisung der Laubsauger und -bläser.

Der Ding zum Beispiel, der Rilke. Hodder gschriem in sein Herbstgedicht: »Herr, es ist Zeit, der Sommer war sehr groß, leg deinen Schatten auf die Sonnenuhren, und auf den Fluren lass die Winde los.« Also: Laubbläser oowerfen und derhiignaddern, dass die Flur widder wos gleich sichd, hodder mit sein Gedichtla woohrscheinli soong wolln, der Rainer Maria Rilke.

Und iich mecherd edzer zur Lobpreisung vo die Laubbläser und -sauger aa amol wos soong. Suu wäi der Rilke konnis nerdirli nedd, obber halt mit meine Worte. Und zwar desweeng, wall der Laubbläser haier nämli Jubiläum hodd: 1992, vuur genau 25 Joahr, is der Vuurgarten-Panzer mit integrierter Blasmusigg es erschde Mool ba uns auftaucht. Und dervuur? Bevuur eine der segens- und saugensreichsten Erfindungen der Menschheit überhabbds ein Laub beseitichen hod kenner, also vo unsern Vuurgärddla in Nachbern sein Garddn niiber? Wissn Sie, wos dou los woor ba uns???

Des wissn S' nedd, nä! Obber iich wass nu. Ich bin Zeitzeuge vo der laubsaugerlosen Zeit. Ein Horror, konn i Ihner soong. Zum Beischbill edzer allaans die Stadt Närmberch. Zwar wenich Laubbäum, obber jeeds Joahr 500 Tonnen Laub am Buudn. 500 Tonnen! Moußder amol vuurschdelln.

Wäis aff die 500 Tonnen kummer? Ner ganz einfach: 1 Blatt wieng, nocherdla alle Blätter in Närmberch zähln und multiplziern, scho hosders: 500 Tonnen. Und edzer lou amol Jahrzehnte lang, Jahrhunderte, konnsd soong, jeden Herbst 500 Tonnen Laub aff die Stadt draffgnalln. Horch, dou hosd du nacher boor Herbste, dou hosd du nix mehr vo der Kaiserburch gseeng, kann Sinwellturm, ka Lorenzkirch, nix, es Hochhaus am Plärrer, des hod ausn Laub notdürftig rausgschbidzd, dassd gmaand hosd, des is a nullstöckiges Einfamilienhaisla odder wos. Züüch sin entgleist, Schdrasserbahner sin nimmer durchkummer, drum homs nou ja weecher der Blätter-Sintflut die U-Bahn baut.

Dou hom si fei die Laid – suweit dass nedd verschüttet gween sin oder vermisst – oft gfrouchd, ob die Natur nedd a weng an Badscher hodd: Jeeds Joahr mit 500 Tonnen Blätter schmeißn, blouß dass im Frühjoahr draff widder neie Blätter wachsn lassn konn. Vo Intelligenz keine Spur! Mir intelligentn Menschn – mir werfn doch aa nedd jeeds Joahr im Herbst, soong mer amol, unsere Ohrn ab und lassn nou a boor Monat schbeeder neue wachsn.

Ja, und korzz bevuur nou es ganze fränkische Land vo anner himalaya-houchn Laubschicht für immer verschwundn gween wär – dou homs nou grood nu rechtzeitig in Laubbläser erfundn. Und des sooch i Ihner zum Schluss aa nu: Suwos Sinnvolles wäi a Laubsaucher dääd dem Bläidala vo Natur in Milliardn vo Joahr nedd eifalln – in Buudn, aff dem mir leem, in Nullkommanix und mit 120 Dezibel undern Oorsch wechblousn. Mir Blousäärsch.

Amen

Erkenne Dein Karma!

Ach du gouder Gott, woorn die Laid fräihers bläid! Also nedd allgemein bläid, dou vielleichd aa a weng, obber vuur allem affn Gebied »Zeitverdreib und Gesellschafdsschbiel«. Wissen S', wos dou däi Depperla fräihers gschbilld hom? Schafkubf, Flohhubf, Mühle, Mensch-ärgere-dich nicht. Abende, Nächde lang hom si däi mid solche idiotische Gesellschafdsschbiele abkarbfd. Und des hod denni Bläiderla aa nu gfalln.

Ja, dou sin unsere Köbf heizerdooch scho ausern andern Hulz gschnidzd! Jeds Joahr kummer aff der Närmbercher Schbillwoornmess Dausende vo neie Gesellschafdsschbiele raus. Adventure-Games, Grusel-Games, Eroberungs-Games, Forscher-Games, Wissenschafds-Games, Friedens-Games, Kriegs-Games. Ja, des sin hald Schbiele, heizerdooch, dou hod mer wos dervoo!

Iich hob mer edzer a ganz neis Gesellschafds-Game kaffd. Des is underhaldsam, konn i Ihner soong. Fiir nerblouß 59 Euro. »Erkenne Dein Karma!« hassds. Also wos dou alles derbei is, ba dem »Erkenne Dein Karma!« – unglaublich. Also dou sin drinner: 70 Inkarnations-Chips, 50 Erlösungskugeln, 200 Glückshormon-Körnla in 20 Düüdn abbaggd, 25 Guru-Cards. Und dann gräichd jeder Mitspieler nu neun Männla, deilweise mid Blinklichdla oomer draff. Dou hosd du einen Psychoderabeudn, einen Guru, einen Philosophen, einen Übermenschen, einen Körpermenschen, eine Seele, einen Überirdischen, einen Tod und ein Erlösungsmännla. Würfl sin aa nu derbei – und es Allerbesde: die Schbillanleidung. A Buch suu dick wäi fräihers a Karl-May-Band.

Dou schdäid zum Beischbill drinner, dass wennsd an Sechser affn Karma-Würfl würflsd, nou konn dei Psychoderabeud die Seele am Schdard hiischdelln, dann derfsd numol würfln, a Inkarnations-Card zäing, zwei Erlösungskugeln eidauschn geecher a Glückshormon-Düüdn, es Erlösungsmännla mid anner Guru-Card aktiviern – und wennsd dann an Dreier zum Beischbill würflsd, nou kummsd in dein driddn Leem als beruanisches Müdzn-Lama widder reinkarnierd aff die Weld, halb Müdze, halb Lama, schbrichsd einen nordalbanischen Dialekt, und konnsd middn Zukumfds-Chip 7. Kadegorie dann auswähln, wosd in dein vierdn Leem wern mechersd: a Reengwurm, a Groddnolm, a sibirische Wanderbaustelle, a Küchenbüffet odder eine middlfränkische Garagenschabe. Als middlfränkische Garagenschabe im vierdn Leem – wennsd drei Erlösungskugeln hosd – gräigsd vo dein Nebenmann in Philosophen und in Psychoderabeudn, und mid däi zwaa hosd dann 17 Karma-Punkte aff deim Seelenkonto. Dou blinkd dann affn Kubf vom Guru a blaus Lichdla. Ba drei blaue Lichdla derfsd 16 Felder vorrudschn und konnsd middn Erlösungsmännla in Tod fiir zwaa Rundn aussedzn loun. Allerdings derfsd du, wenn der Tod zwaa Rundn aussedzd, kanne Underweld-Chips mehr hoom, sunsd konn der Psychoderabeud vo dein Nebenschbieler zwei Düüdn Glückshormonkörnla sedzn und mid sein Körbermensch in Philosophen schmeißn, falls er nu drei Todeskugeln und ein Erlösungsmännla hodd. Nou moußd zwaa Rundn aussedzn.

Gwunner hod bei »Erkenne dein Karma!« der Schbieler, wous bis zum Schluss vo der Verlesung der Schbillregeln aushäld, ohne Nerfmzusammenbruch und ohne dasser in Schbielleider gscheid fodzd. Bam erschdn Mal, wou mir dahamm »Erkenne dein Karma!« gschbilld hom, bin i glei am Anfang ausgschiedn. Wall i in Schbielleider bereids nach drei Schdund Vuurleesn vo

die Schbillregeln oogschriea hob, er soll si sei Erlösungs-
männla in Oorsch neischäim, damit dassers Karma bes-
ser sichd. Und dernouch bin i in mei Schdammkneibm
zum Schafkobfm ganger. Schafkobfm is zwar im Ver-
gleich mid »Erkenne dein Karma!« zimmli brimmidif.
Obber dou gräichd mer die Glückshormone nedd in
Düüdn, sondern innern Bierglas drinner.

Gammelfleisch-Gebot

Iich wass nedd – hom Sie sich die ledzdn Dooch amol
iiberleechd, wäi der Moo dou neili draffkummer is? Der
Bischof vo Augsburg? Wäi er gsachd hodd, dass, wemmer
für alleinerziehende Mütter mehr Kinderkribbn eirichd,
dass mer dann braggdisch die Frau zu anner Gebärmaschi-
ne degradiert. Zu anner Gebärmaschiner? Weecher der
Kinderkribbe? Ja, dou kummsd du doch nedd suu ohne
Weiteres draff! Durch Nouchdenkn scho glei goornedd.
Und nou hob iich mir zerschd denkt: Vielleicht hängts
irchndwie mid der Erderwärmung zamm, dass die Hitz vo
dera Erderwärmung dem scho langsam in Kubf gschdieng
is. Odder dass der Moo vielleicht zer haaß boodn hodd?
Odder er hod aus Verseeng an Schluck zvill Messwein
derwischd?
Obber edzer wassis, wäi der aff die Verbindung vo
Kinderkribbe, Frau und Gebärmaschiner kummer is:
Vollkommen klar, des hängt mid den Zölibat zamm, mid
dera Enthaltsamkeit. Wall, für suu an Bischof gilt ja für
die fleischliche Lust (»fleischliche Lust«, suu hassd dou

die körperliche Liebe), also gilt dou immer nu es Zölibat. Striktes Gammlfleisch-Gebot braggdisch. Mehr odder weenicher. In vielen Fällen eher weenicher.

Obber iich nimm amol oo, der Bischof vo Augsburg, der hod si dou immer streng droo ghaldn. Und edzer iiberleech amol: Wennsd du nedd derfn derfsd, wennsd mechersd, und es macht si obber in dir drinner doch bemerkbar und mecherd raus – ja, wou solls nern nou hii? Des schdeichd doch nach oomer, du gräigsd erschd an dickn Hals, nou gschwollne Ohrn, nou gäids in die Noosn – und wennsd di nedd rechdzeidich schneuzd, bums, scho is im Kubf! Und dou im Kubf endschdenger dann suu Halluzinazioner, wäi zum Beischbill, dass die Frau durch die Kinderkribbe zu anner Gebärmaschiner degradiert wird. Des is der schdarge Druck im Kubf, es Zölibat. Also es Zwangs-Zölibat, wou die katholische Kirch für ihre Pfarrer vuur ungefähr 1 700 Joahr erfundn hodd.

Es nadürliche Zölibat wiederum, des is nedd suu schlimm. Also wenn du, soong mer amol värzzg, fün-fervärzzg Joahr verheirood bisd – dou hommer dann ja ein natürliches Zölibat. Des kummd ganz vo selber. Des driggd nedd aff die Ohrn und affn Kubf. Wall dou hosd nix mehr, wos driggd. Obber hald des Zwangs-Zölibat vo der Kirch. Und dou hob iich mich edzer nerdirli gfrouchd: Wos hod nern des eingli fiir an Sinn, des Zöli-bat? Wenns suu verheerende Auswirkungen hodd, affn Kubf und aff des, wos aus den Kubf alles rauskummer konn?

Obber alles halb suu wild, Laid! Es wird nix suu haaß gessn, wäis kochd wird. Gilt aa für die Kirch. Ich hob mi erkundichd. Es derfn auch katholische Pfarrer zwischn-durch a weng derfn. Sie derfn si blouß nedd derwischn loun. Denk blouß amol an fräihers, im Mittelalter! Die Päpste, die Klosterschwestern und -brüder! Ja, dou is abganger, konn ich Ihner soong – dou woor Sodom und Gomorrha ein Altersheim dergeeng. Dou hosd direggd gmaand, die frommen Brüder, des sin die reinsten Zeugungsmaschiner. Und drodzdem hod die Moral in der Kirch keinen Schaden gnummer. Im Geengteil: Sie hom dou derbei suvill Moral endwiggld, dassis sugoor doppelt ghabd hom. Anne zum Herzeing und Angst machen fiir die Laid, und anne fiir dahamm rum a weng.

Und suu arch vill, hobbi mer soong loun, hod si dou durch die Jahrhunderte goornedd geändert. Und wenns drodz in Zölibat mid der Haushälderin Kinder gräing – ibberhabbs ka Broblem, däi kummer dann hald in die Kinderkrippe.

Bfundamendalismus

Sie, amol wos ganz anders: Kenner Sie sich aus mid den Ding, wo edzer dauernd dervoo gredd wird, mid den Bfundamendalismus? Der is edzer nämli erschd richdich ausbrochn, der Bfundamendalismus. Und zwar durch den Film »Unschuld der Muslime«. Stammtisch-Thema Nummer 1 momentan: Ob mer des derf – erschd mit den Film aus Amerika die Muslime gscheid veroorschn, und dass nocherdla als Gegenwehr die Muslime a weng Amerikaner erschießn oder in die Luft schbrenger. Schuld droo is der Bfundamendalismus, der christliche und der muslimische. Des is edzer nerdirli ein ziemlich globales

Problem, wo mir dou in Franken nedd suu ganz genau beurteiln kenner, nä.

Obber ka Angst, mir braung goornedd suu weit gäih, global und suu weiter. Wall däi Woor hommer auch ba uns dou, direkt vuur der Haustür. Einen wunderbaren Bfundamendalismus. Des Wort Bfundamendalismus kummd von einer früheren, edzer nicht mehr verwendeten Gewichtseinheit, nämlich Bfund. Bfundamendalismus is also, kommer soong, bfundweise grober Unfug, auf Wunsch auch zentnerweise.

Einmalige Bfundamendalisden hom mir zum Beischbill vuur einicher Zeit, is scho a weng her, middn in Närmberch ghabt. Damals eine leibhaftige Kommunalpolitikerin. Däi woor christlich bfundamendal und is in dera Eigenschaft bei Wunderheilungskongressen middern Balmwedel durch die Messehalle gwedzd und hod die Laid gsachd, dass ihr scho öfders ein Lichtengel erschienen is und dass Botschaften ausn Jenseits gräichd.

Ba däi bfundamendalisdischen Kongresse in Närmberch binni damals auch amol dorddn gween. Dou is ein sogenannter Pastor auf der Bühne droom gschdandn und hod Wunderheilungen vollführt und nach jeder Wunderheilung hodder ganz oft »Halleluja« brüllt. Wennsd geheilt gween bist, hosder eine Lobpreisungs-CD kaafn solln um 25 Euro. Sin fei vill kaffd worn. Und dem Pastor is scheint's auch amol ein Lichtengel erschienen, und der hod nern befohln, dasser ba anner Frau eine Teufelsaustreibung vuurnehmer soll. Und wäi er's vuurgnummer ghabt hodd, die Teufelsaustreibung, nou isser weecher Freiheitsberaubung und sexueller Nötigung vuur Gericht gschdandn. Edzer im Oktober, glaab i, is in Närmberch widder suu a Wunderheilungs-Kongress.

Und dann hommer in Närmberch nu an Bfundamen-
dalisdn ghabt. Der is vuurher Kellner gween in anner
Wirtschaft in der Könichschdrass. Und dou is nern auch
ein Lichtengl erschienen und hod nern mitgeteilt, dass
auf unserer Erde, däi wou ja scho vill Debbn beherbergt
hodd, dass dou fräihers jede Menge Außerirdische gelan-
det sin. Dou hod dann der ziemlich erleuchtete Erich von
Däniken, suu hodder ghassn, Drimmer Bücher gschriem
und an Haffdn Geld dermiid verdient.

Ja, und dann hommer ba uns auch noch die Bfun-
damendalisdn, wou weecher den Maya-Kalender ganz
genau wissen, wann dass die Welt untergeht. Dou
hommer nämli a gscheids Glück ghabt, wall mer haier
kanne Weihnachdsgschenkla mehr eikaafn braung – die
Welt geht korzz vuurn Heilichn Oomd unter, am 21.12.
Und dann, des mouß mer leider soong, dann is nicht arch
alt worn, unser Welt, wall widder andere Bfundamenda-
lisdn hom aus der Bibel erforscht: Die Schöpfung vo der
Welt hod am 23. Oktober 4004 vor Christus stattgfundn.

Also wos ich edzer efendwell glaub, anhand der Veröf-
fentlichungen vo unsere fränkischen Bfundamendalisdn,
des is, dass nicht der Weltuntergang is am 21. Dezember,
sondern häigsdns der Untergang der Menschheit. Und
zwar weecher anner global grassierenden Verdoofungs-
Epidemie. Ursache: Eine christlich-muslimische-evan-
gelikal-charismatische, bibel- und korantreue und voll-
bfundamendalisdische Klein- und Großhirn-Bazilln.

Wer und wo ist der richtige Gott?

Sie, ich hob ein Problem. Obber vielleicht kommer jemand vo euch helfn. Und zwar weechern Papst. Der wo vuur einicher Zeit in Rentn ganger is. Also dou dermiid hobbi ka Problem. Der Moo is 85. Und jeder Mensch geht ja in Rentn, teilweise odder auch zwangsweise oft scho viel eher als wäi mit 85. Obber mei Problem geht edzer mit den Wort »Mensch« oo. Is der Papst, wo edzer ja ka Papst mehr is seit gestern, is des a Mensch?

Am Anfang issers nerdirli scho gween. Dou hodds ja damals ghassn, wäi der weiße Rauch (weiß mit scharfen s) aufgschdieng is, hodds ghassn, schwarz auf weiß: »Wir sind Papst«. Wir. Vor allem wir Bayern nerdirli. Und dou gherrn ja mir Franken aa derzou. Mehr oder weniger. Und mir sin ja dou ba uns Menschn, weitgehend, nä. Obber infolge vo sein Amt wird ja ein Papst im Lauf der Zeit dann der Pontifex Maximus, der allerallerallerhöchste Brückenbauer. Des is sei Beruf: A Brückn bauer zwischen die Menschen auf Erden und in Himmlreich. Und er is, steht in der Bibel, der Stellvertreter Gottes auf Erden.

Ja, und edzer dääd ich gern wissen (wall, ich kumm langsam aa in des Alter, wo es Himmlreich immer näher rückt), ob er mir auch eine Brücke baut, der Stellvertreter Gottes auf Erden. Wall, ich hob ja aa scho a weng wos affn Kerbholz, und allaans, ohne Fürsprecher, kummerdi woohrscheins nicht in Himml. Obber: Ich hob einen schweren genetischen Schaden – ich bin nicht katholisch. Und des betrifft ja nedd nerblouß miich.

Wos maanern Sie, wos aff der Welt (vom Gesamt-Universum will i edz goornedd reden), wos dou für Nicht-Katholiken gibt?! Juden, Moslem, Buddhisten, Hindu,

Russisch-Orthodoxe, Griechisch-Orthodoxe, Schamanen, Zeugen Jehovas, Mormonen, Agnostiker, Asthmatiker, Atheisten, Salafisten, Berufs-Bfobferer – alles middernander an die sieben Milliarden Laid! Und alle hom scheint's an andern Gott! Manche goor kann.

Odder nehmer S' bloß amol, vuur a boor tausend Joahr, die alten Griechen. Wos däi aff ihrn griechischn Ochsenkopf, also am Olymp, wos däi dou für Götter und Göttinnen (!) ghabt hom: anne für die Liebe, anne für die Jagd, an Gott fürs Gschäfdla machen, an fürs Bscheißn, an fürs Meer, fürn Wind, für die Unterwelt, fürs Koma-Saufen und suu weiter. Für alles hom däi einen Gott ghabt. Ja, dou mouß doch vo Pontifexe und Stellvertreter Gottes auf Erden nerbloß suu gwimmelt hoom!

Odder, aa scho a weng her, obber nunni suu arch lang: Dou hom mir ba uns dou in Franken einen evangelischen Landesbischof ghabt. 1939 is des gween, im September. Dou hod der zum protestantischen Gott gebetet, dass er sich bei Gott von ganzem Herzen bedankt, wall er uns nicht bloß einen Adolf Hitler gesandt hodd, sondern auch einen Sieg der göttlichen Waffen gegen Polen. Der Landesbischof Meiser is des gween. War damals blouß die Frooch, zu welchem Gott die Polen vuurm Krieg gebetet ghabt hom. Des mouß militärstrategisch eindeutig der laschere Gott gween sei. Der fränkische evangelische Gott sitzt jedenfalls am längern Hebel, wall zu Ehren vo sein damaligen Stellvertreter gibt's haid nu, in Ansbach, die Bischof-Meiser-Straß'. Und die bleibt aa, hod der Stadtrat vuur a boor Wochn beschlossn.

Ner ja, worschd. Habbdsach, jemand vo euch kommer bitte in Bälde soong, welcher Gott, welcher Papst odder Pontifex für mich zuständig is. Ich bin evangelisch, parteilos, bläid wie die Nacht finster und extrem zweifelhaft. Und mecherd hald eines Tages auch a weng ins Barradies.

Christliche Werte

Sie, mit den Syrien momentan – wissen S', wer dou edzer widder es größte Problem hodd? Naa, nedd unser Verteidigungsminister mit seine Drohnen oder Kampfflieger, sondern der a bissla drüber im Himmel. Genau! Der Gott. Wall den mouß doch edzer wieder ummernander hauer, dass alles zerschbeed is. Der wass doch nimmer, wo oom und unten is odder hint und vorn.

Wall si alle auf ihn berufn. Mir hom dou nämli in dem Syrien-Krieg als Beteiligte alle Religionen, wousder ibberhabbs denkn konnsd. Also: Sunniten, Schiiten, Alawiten, Dschihadisten, Salafisten, Al-Kaida-isten, Hisbollah-isten, normale Islame, Islamisten, Fundamentalisten und nerdirli edzer als Zünglein an der Waage beziehungsweis Zündler an der Lunte auch mir Christen. Die ann soong, wenn's widder a Racheedn abdriggn »Im Namen Allahs«, die andern soong »God bless America«, wieder andere bitten in Jehova, dassis gwinner, falls si der Krieg nu a bissala ausbreiten sollerd.

Obber mir rein humanitär orientiertn Christen mit unserer westlichen Wertegemeinschaft, mir braung goornedd suu weit wech dou. Wall, erschdns kommer unsere christlichen Werte ganz leicht in Euro, Pfund oder Dollar umrechner, wos in der Regel auch gmacht wird, und zweitens is nu goornedd suu arch lang her, wo mir unsern Gott auch ganz schäi zur Verzweiflung bracht hom mit unsern religiösn Durchernander: Katholiken, Protestanten, Calvinisten, Geißler, Bilderstürmer, heilige Kreuzzügler, Deutsche Christen und suu weiter. Und alle nerdirli rechtgläubig, nä. Dou hod doch der Gott aa nedd gwissd, zu wem dasser edzer gschwind helfn soll. Dou mäißersd du als Gott ja ein Ventilator sei oder a Kreissääch. Obber des is die Laid nerdirli worschd, wäis dou einem Gott rein glaubensmäßig geht. Habbdsach, es scheppert gscheit. Ba uns hodds damals im 30-jährichn Krieg, wäi der Name scho sachd, 30 Joahr lang ganz schäi gscheppert. Dernouch is kein Stein mehr affn andern gschdandn, und es hod mehr Tote als Lebendiche geem.

Obber des mouß mer edzer nerdirli in Gott auch amol entgeenghaldn: Die Unterschiede zwischer die einzelnen Religionen woorn und sin nerdirli scho gravierend. Des spielt doch in einem Menschenleben eine gewaltige Rolle, obs du edzer bam heiligen Abendmahl das Blut Christi ganz in echt trinkst oder a Apflsaftschorle vom Getränkemarkt. Odder, dass mer wieder auf Syrien zriggkummer, ob seinerzeit der echte Nachfolger vom Mohammed sei Schwiegersohn gween is odder nedd. Also auch ein ganz wesentlicher, total lebenswichtiger Unterschied zwischer Sunniten und Schiiten.

Dou kommer si scho amol hunderttausend- oder millionerfach die Köpf neihauer. Und mir mit unsere christlichen Werte, goor ka Frooch, mir solln dou aff jeden Fall miidmachn. Erschdns hod si es Miidmachn bewährt, wäi mer vo die Beispiele Irak, Libyen und Afghanistan her wass, und zweitens müss mer allaans desweeng mit unsere Soldaten nei nach Syrien, wall unsere christlichen Werte in Form vo Waffen scho lang dou sin. Und die Frouch, wo ich mir am Anfang gschdelld hob, wos der

Gott derzou sachd – des konn i mer scho denkn. Der wird scho vuur langer Zeit gsachd hoom: »Macht ner suu weiter, ihr hirnamputiertn Volldeppn! Nou is aff der Erde ball a Rouh.«

Blouß anns mecherdi in Gott nu mit aff sein Weech wech vo uns mitgeem: Dassi die Millionen und Abermillionen Kinder, die weltweit verhungern oder erschossn wern oder vergast, und denni ein Frieden oder a Schdiggla Brot wassgott wichtiger wär wie heilige Kriege oder heilige Werte – dassi die in Zukunft selber raussuung kenner, wo's aff die Welt kummer mecherdn. Am besten suu wäi der Gott, ganz weit wech vo uns.

Gibt es ein Paradieschen?

Sie, edzer der November momentan is nedd grood der lustigste Monat im Joahr, odder? Gibt's ja aa den Sinnspruch: No Vember, no fun. Und der Fun hält si im November wergli a weng arch in Grenzn: Allerseelen, Allerheilichn, Totensonntag, Volkstrauertag, Buß und Bett AG oder wäi däi Firma hassd, Faschingsanfang, Reformationsfest.

Ner ja, dou hommer edzer, maan i, es Gröbste hinter uns mit den Reformationsfest und in Lutherjahr. 500 Jahre Prothesen-Anschlag in Wittenberg. Is a weng a seltsamer Moo gween, der Dr. Martin Luther. Hod edzer sugoor der Bedford-Strohm gsachd, unser Ober-Protestant: Er bittet für die dunklen Seiten vom Luther um Verzeihung.

Wen er edzer dou im Einzelnen um Verzeihung gebeten hodd, wass i aa nedd. Wall däi, wou weechern Luther und die Folgen a bissala vuur der Zeit es Zeitliche hom segnen mäin – die leibeigenen Bauern damals, die Laid im 30-jährichn Glaubenskrieg, die Juden und suu weiter –, die sin ja alle scho tot.

Ner ja, worschd. Jedenfalls woorn fiir den Luther die Bauern allerhäigsdns zweit- bis drittklassige Menschen, die Katholiken viertklassig, Frauen ungefähr fünftklassig, und Juden – dou hodder extra a boor Büchla driiber gschriem –, Juden woorn für ihn goor kanne Menschen. Teufel in Menschengestalt, hodder gsachd, der Luther. Obber des indressierd ja haizerdooch kann, Habbdsach, mir hom a schäins Lutherjahr gfeiert, odder?

Ja, edzer mouß i obber doch nu gschwind wos soong über ihn. Weecher Allerseelen. Gestern an Allerseelen, dou hom die Laid, also die laut Luther viertklassigen katholischen Menschen, däi hom dou für die Seelen im Fegefeuer gebetet. Und dou is nerdirli die Frouch: Gibt's des ibberhabbs, des Fegefeuer? Und dernouch, wemmers ohne Verbrennungen 3. Grades überstandn hod – es Paradies, gibt's des aa?

Bam Fegefeuer is suu, dass der Luther gsachd hodd, des gibt's. Und später hodder nou gsachd, des gibt's nedd. Also, er hod si's halt immer a weng hiidreht, wäiers grood braucht hodd. Ein feste Burg oder es Wetterfähnla aff der Burgturmspitz. Ner ja, mouß a jeder selber wissn, wäi er'n gern hädd, sein Luther.

Mich indressierd edzer mehra es Paradies, und wer dou nei derf. Gloor, als erschdes amol die Rechtgläubigen, für däi wo an Allerseelen gebetet werd. Obber wos is nern nou mit die Milliarden andern nicht rechtgläubigen Laid – Linksgläubige, Abtrünnige, Skeptiker, Buddhisten,

Muslime, Hindu, Juden, Atheisten, Agnostiker, Kommunisten, des ganze geldgläubige Kapital-Gschwarddl und suu weiter? Und wos is mit andere Lebewesen, Pflanzen und vuur allem Tiere?

Ich kumm desweeng draff, wall däi Dooch is wos zimmli Schlimms bassierd. Hom meine zwaa Enkerla a Eichhörnla im Reengwasserschaff gfundn, tot. Und wie sie's nou sehr feierlich und andächtig und maßlos traurig beerdigt hom, nou homs mi gfrouchd, ob des Eichhörnla edzer in Himml kummd, also ins Paradies. Und bevuur i irchndwos furchtbar Schlaues, Hochphilosophisches, Katechismusartiges, Luther-Mäßiges daherschdoddern hob kenner, homs alle zwaa an Babberdeggl gnummer und ihr These draffgschriem: »Ruhe in Frieden, Eichhörnchen, wir trauern mit Dir, auf Wiedersehn im Himmel«. Und wäis den Babberdeggl aff des Eichhörnla-Grab hiigschdelld hom, dou hom si ihre Tränen mit einem Lächeln vermischt.

Konn sei, dassi mer den dadurch entstandenen Regenbogen aff ihre Gsichter blouß eibild hob. Obber ans wass i gwieß: Dass mer vo Kinder wass Gott manchmal mehr lerner kann wäi edzer meinertweeng von einem Dr. Martin Luther und seine dunklen Seiten.

Freud- und Leidkultur

Richard, der Weltmeister im Stabreimdichten

Des wern S' wissen, wos ein Stabreim is, odder? Germanisten, also einigermaßen ernstzunehmende Wissnschaftler, soong zum Stabreim auch Alliteration. Also, falls Sie's nedd genau wissen: Ba dera Alliteration, dou reimt si a Gedichtla nedd hindn naus, sondern die vordern Buchstaben. Zum Beispiel Hirn & Heiner, Depp & Doldi, Laptop & Lederhose oder meinertweeng Gschmarri & Gwaaf.

Wall i sooch »Gwaaf« – zufällich hod vurigs Joahr der berühmteste Stabreimdichter, weltweit kommer soong, hod an rundn Gebozzdooch gfeiert. Der Wagners Ridschi vo Bareit. Ka Angst, der lebt nimmer. Er hädd nern gfeiert, sein 200. Gebozzdooch, obber er is ja scho lang in Ding driimer, in Wallhall odder stabreimmäßig über der Wupper. Obber die Kulturschaffenden hom in Wagner zelebriert in alle Metrobooln, dass ner suu grauscht und grumbld hodd. In Bareit, Bischofsgrün, Berlin, Burgfarrnbach, Bretzfeld, Närmberch, Färdd wassi edzer nedd genau, obber woohrscheins aa.

Gloor, weecher seine wunderbaren Opern, wou er seinerzeit der Reiher nouch rausghaut hodd. Wenn Ihner aa scho amol nach vier, fünf bis fuchzeha Stündla Bosaunen-Blärrn und Schwan-Rumschwimmerlens und Feingold und Götterpudding und Zeich und Woor der Oorsch eigschloufn is – des woor nou eine Wagner-Oper.

Uns homs fräihers immer mit der Schulplatzmiete im Närmbercher Obbernhaus middn Wagner dredzd und driezd. Ja, wall halt mir Haichderla damals ka Ahnung ghabt hom vo denni Stabreime. Und däi hod fei der Wagner, neber seiner Musik, hod der aa nu däi Stabreime dicht. Ich sooch Ihner amol ein Beispiel aus der Oper

Feingold, bzw. Rheingold (eine Unterabteilung ausn Ring der Nibelungenentzündung). Dou hassds, obacht, edz gäihts oo: Dou sachd die Woglinde zur Wellgunde »Weia! Waga! Woge, du Welle! Walle zur Wiege! Wagalaweia! Wallala, weiala, weia!« Und nou die Wellgunde zur Woglinde: »Woglinde, wachst du allein?«

Der Hammer, oder?! Des wenn haid anner dichtn dääd, der kummerd aa groß raus in Bareit bzw. ganz schnell nei. Nicht ins Bareider Festspielhaus, obber ganz gwieß ins Bareider Bezirkskrankenhaus, weecher chronischn Stabreimbefall 1. Grades. Odder nehmer S', auch in Rheingold, in Zwerg Alberich, wäi er am Rhein oder am Main, is ja worschd, wäi er ummernander singt: »Garstig glatter glitschiger Glimmer! Wie gleit ich aus! Mit Händen und Füßen nicht fasse noch halt ich das schlecke Geschlüpfer!« Woohrscheins is er in a Hundehaifla neigschdieng. Odder wäi die drei Rheintöchter mit Schwimmflüücherla an die Arm, ich nimm oo, in Boodmasder zujubeln: »Heiajaheia, heiajaheia! Wallalallalala leiajahei! Leuchtende Lust, wie lachst du so hell und hehr! Wache, Freund, wache froh! Wonnige Spiele spenden wir dir. Heiajaheia! Wallalaleia heiajahei!« Des sin Stabreime, hä! Dou zäichds der doch die Badeschlabbn aus!

Konni ohne Weiteres verschdäih, dass der Hitler, der hirnfreie Heuchdel, vull affn Wagner abgfoohrn is. Wall der Ridschi is ja auch ein berühmter Rassist und Antisemit gween. Und der Adolf, der Armleuchter, wär, wenn er nu mordn und leben dääd, wär dou nerdirli aa gern nach Bareit zum 200. Gebozzdooch vom Waggala-Wagner kummer. Blouß hädds kann rechdn Sinn ghabd. Wall, es Festspielhaus is momentan nämli a weng einsturzgefährdet. Odder wäis der Ridschi stabreimen dääd in seiner einzigartigen Kunst, vielleicht in einem mehrteiligen Opern-Syphon mit dem Titel »Der Dichtungsring«: »Bröckerla Brösel Backschdaa Beddong! Badsch Bumm Bfusch und Bschieß Betreten BverBoten! Bloß mit Bauhelm am Bulmers! Mime, mische den Mörtel!«

Dem Albrecht sein Airport

Haid amol wos ganz Wichtiges, auch für die Urlaubszeit. Und zwar: mit unsern allerallerallergrößten Airport in der Metropolregion. Airport Zieglstone-Marymountain-Bookinghill, also Zieglschdaa-Marienberg-Buchenbühl.

Mit den Airport is ja jahrzehntelang steil aufwärts ganger. Mit die roodn Zahln, maan i. Ungefähr hundertfuchzg Millionen Euro Verlust homs insgesamt erwirtschaftet. Obber suu schnell wern mir goornedd schauer, simmer mid unsern Fluuchhäfala widder in der Gewinnzone. Wall sie hom edzer ein Gutachten in Auftrag geem ghabt. Und die Gutachter hom innerhalb kürzester Zeit und bragdisch gratis (innerhalb vonnern aanzichn Jährla und um lumberde zwaahundert- bis dreihunderttausend Euro) homs Folgendes rausbracht: Dou mou mer wos machen.

Gut, dou wärn mir efendwell aa draff kummer, obber nerdirli nedd so wissnschaftlich fundiert und finanziell erträglich. Wall, homs zum Beispiel erforscht, die Gutachter: unser Metropolregion-Fluchthafen – der hod kann gscheidn Namer. Und edzer hassder also Albrecht-Dürer-Airport!!! Nachn Albrecht Dürer wird er benannt, nach den berühmten Maler und Vielflieger. Wall die großen Welt-Airporte, däi sin alle nach berühmte Laid benannt worn: John F. Kennedy, Charles de Gaulle, Leonardo da Vinci, Franz-Josef Strauß. Und mir edzer: Albrecht Dürer.

Der Name, hom die Gutachter wörtlich gsachd, »trägt bei zur Emotionalisierung der Reisewahl«. Emotionalisierung is »seelische Erregung«. Hobbi nouchgschaud im Lexikon. Ja, und wos maaner S'n, wäi dou zum Beischbill ein Ami in Süd-Dakota oder wo, der nedd wass, wo er in Urlaub hiifläing soll, wäi der in seelische Erregung verfällt – wenn er in irchndan Micky-Maus-Heftla liest: Albright-Durer-Airport! Der packt sei Köfferla und ab über Los Angeles, Hawaii, Sydney, Singapore, Bangkog, Karadschi, Istanbul, Munich nach Zieglschdaa. Wall, AD-Airport gibt's weltweit blouß an aanzichn. Und weltweit auch der aanziche, wou jeder Passagier einzeln, mit Handschlag und mit der fränkischen Nationalhymne »Wer lange fliegt, wird kotzen« begrüßt wird. Und middern Abschiedsgruß: Adee. Also ich schätz, mit den »Albrecht Dürer« als Destination, dou wern mir jährlich bis zu zwei seelisch extrem erregte Fluggäste mehr hoom. Wenn nedd sugoor drei. Dou werds die roodn Zahln überschallmäßig wechbfeifn.

Obber bei aller Freude über des Gutachten – edzer kummer nerdirli wieder die fränkischn Berufs-Brozzlhoofn mit ihre Wermuttropfen derheergschissn. Däi soddern edzer scho wieder rum: Wos ein Albrecht Dürer mit Fliecher zu tun hodd? Ja, kenner denn däi Gaaferer nedd die Hauptwerke des Meisters: Feldhase, Betende Hände, Großes Rasenstück? Und is ihner nedd gloor, dass dou dermiid die entlang der Startbahn hoppelnden Hasen ahnungsvoll vorgezeichnet gween sin, die Rasenstückresterampe nördlich der Betonpiste und die bei Flugangst verkrampften, betenden Hände? Und dann däi Fortschritts-Bfobferer – soongs nu, dass uns mit unsern Fluchthääfala eines Tages suu gäih wird, wie im Airport Hof-Plauen: Millionen Steuergelder neigschdeggd. Und rauskummer is vuur einicher Zeit, aus der Maschiner aus Frankfurt: a aanzicher Fluggast. Und der is glei widder zrigg gfluung, wall sei Kuffer nedd ookommer is.

Ja, dou kommer blouß soong, dou droo sin die Hofer selber schuld. Däi häddn ein Gutachten in Auftrag geem solln, und dann an schäiner Namer fiir ihrn Flughafen. An berühmten Maler homs nerdirli kann in Hof. Obber einen berühmten Reichsritter, in Heinrich von Kotzau. Airport Kotzau! Dou wär nedd nerblouß die seelische, sondern aa die körperliche Erregung ner suu übergschwappt.

Das Schafkopf-Verbot

Sie, langsam werds edzer hind häicher wie vorn. Wäi mit uns Kulturträger umganger wird! Und mit unsere wunderbaren Traditionen! Zum Beispiel hom mir alle Freidooch im Werzhaus immer Schafkobf karddld. Erschd a Gnechla-Sulzn, nou a boor Seidla eigwiesn, nocherdla die Welt besprochn und dann: Tischdeckn wechzuung, Geldschissala her, unsere Zehnerla, Zwanzgerla und Fuchzgerla nei und karddld. Und edzer aff aamol – nix mehr mit Schafkubfn, hod der Wirt befohln.

Es erzeugt, hod der Spielverderber gsachd, in seinem Moonggdredzerla-Schubbn mit Designer-Ambiente zu laute Geräusche, mit denen seine anderen Gäste erschreckt werden, zudem hält sich unser Umsatz an Speisen und Getränken in Grenzen und auch sei die Wortwahl beim Schafkopf-Karteln zum Teil außerordentlich gewöhnlich und damit weit unter seinem Niveau.

Ja, den sei Niveau, des gäihd mir am Oorsch vorbei! Wortwahl zu gewöhnlich!! Ja, homs den ins Hirn gschissn odder wos?! Der is doch bläid wie die Nacht finster, der Hollerfiggl! Wass der Zibflziecher vielleichd nedd, dass Schafkopfen ein fränkisches Kulturgut is! Obber des konnsd doch unsern Driefala vo Wirt, der wo wohrscheins nedd amol Mau-Mau konn, des konnsd doch den Doldi, den saudummer, nedd ergläärn. Wall er mit uns nix verdient! Soll mer gwiss den sein Fertigfraß ausn Abfallaamer vo der Metro dreimool am Oomd fressn, dass er a weng an Umsatz macht, der Gischbl?!

Und stören däädn mir die anderen Gäste. Wos hassd dou »Stören«? Mir hockn hald dorddn zu fünft und karddln. Also vier karddln, und anner is der Brunskarddler. Brunskarddler – des is edzer ka unfeines Wort, odder? Des hassd hald suu. Und wenn anner mit der Schelln-Sau spielt, nou sachder »Ich hob anns« – und zwar »Der Hund stopft's.« Odlmannsgwaadschn kommer aa soong. Odder Bumbl. Also für die Schelln-Sau. Mechdi wissen, wos dou droo gewöhnlich is. Bumbl – kennd doch a jeder, odder? Steht sugoor eine eiserne Skulptur in Närmberch in der Karolinenschdrass, vom Henry Moore. Also er selber, der Moore, hodds »Großer Totem« genannt. Und die Närmbercher rätseln obber seit Jahrzehnten, wos des sei soll. Derbei is ganz gloor zu erkennen. Mer mäißerd fiir die ganz Bläidn blouß a Schildla hiihänger: »Ach wie gut, dass niemand weiß, dass ich Bumblstilzchen heiß.«

Obber widder zrigg zur richdichn Kultur, zum Schafkubfn. Ja, dou hosd du ba uns sugoor Gedichtla heern kenner. Ner ja, wall bam Schafkubfn, dou schbilld mer gern aamol a houche Karddn raus und nocherdla widder a niedriche. Und des hassd nou: »Aamol hoch und aamol nieder wäi der Oorsch vom Onkl Frieder.« Ja, des sin halt Heimatklänge, odder? Und wenn anner maand, er gwinnd, und er sachd zu sein Mitspieler »Haus naaf, die Alte, dass middn Oorsch waggld!«, und sei Mitspieler haud die Alte obber nicht naaf und sie waggld infolchedessn nicht middn Oorsch, nou hassds in der Fachsprache: »Korz vuurn Abort in die Huusn gschissn.« Ja, wenn solche wunderboorn Soocherer jemanden in einen feinen Werzhaus stören – ja Gott, nou soll er hald dahamm bleim, der Gnaller. Und unser Säftl vo Wirt am besten aa. Des Haichderla!

Wäi mer ba ihm es letzte Mal in unserm Leem karddld hom, haud der Kipfer mid der Fausd am Diisch, dass neemdroo zwaa Gäst waagrecht durchs gschlossne Fenster ghubfd sin, walls gmaand hom, a Bombn hod eigschloong, und der Kipfer brilld nou »Machd vier Euro, zwaamool gschbridzd und drei laufende Bauern!« Sachd unser Wirt: »Wiesuu ›laufende Bauern‹ – däi foohrn doch heizerdooch alle middn Traktor?« Den Oorsch, den gherrerd sofort die Konzession entzuung, odder?

Wenn die Seele baumelt

Ich nimm amol oo, des wern Sie aa wissen wolln, wie des geht: seine Seele baumeln lassen. Wall worschd, wo dass du edzer in die Ferien hiifährst – Sylt, Insel Schütt, Hinterbrunsmannshaupten, Oorschbacknwackeln in Mallorga, Sankt Abkochl am Vollbadscherkofel odder weecher mir nach All Inklusivien odder Schifflaversenken in der Straße von Hormus – also worschd, wo du bist, überall musst du deine Seele baumeln lassen. Hobbi ba meiner Urlaubsvorbereitung gleesn. In Tausende vo Prospekte, in Hunderte vo Nah- und Fernerholungsfachbücher is mir eindringlich gsachd worn: Seele baumeln lassn. Am Besdn nerdirli mit Ayurveda, Feng Shui, King Kong und wäi des ganze Zeich hassd.

Wo däi Prospekt-Dichter des Gwaaf mid den Seelen-Bambln her hom, konn i Ihner scho soong. Des is ungefähr achtzg Joahr her, dou hodds der Tucholsky selig in sein Roman »Schloss Gripsholm« neigschriem – aff der Wiesn lieng und die Seele baumeln lassen. Und dou sachd mer si: Gut, aamol konn i des lesen mit die baumelnden Seelen. Wenn's sei muss, aa zwaamol. Obber zwaa Millioner Mal! Weltweit! Zu Wasser, am Land und in der Luft, im Hochgebirge und bam Diefseedaung und ba die Nackerdn in Ibiza, Dooch und Nacht auf Anordnung vo der internationalen Animateur-Innung die Seele baumeln loun – des gäihd zu weit.

Frähihers, des wern Sie goornimmer wissen, dou hod di in der Sommerfrische der Wirt mit den Worten empfangen: »Zimmer fuchzehn, erschder Schduug, Abordd is hindn am Gang, Duschn kost extra!« Und haid? Seele baumeln lassen. In jeder ehemalichn Trichinenzuchtanstalt im Bayerischn Wald. Und zwar umsäuseln dich dou Sphärenklänge eines tibetanischen Glockenspiels, nou hängers der ein Kräutersäcklein zwischer die Baaner weecher den Yin und den Yang, nou gräigsd kostenlos einen Kuschelbademantel aus selbstgeklöppeltem Wollgarn des nordmongolischen Höcker-Yeti, nocherdla eine Lomi-Lomi-Tempelmassage, Zirbelbad mit Wildhoniggeschmack, und wenns d' nocherdla zu dein handgezupften Wickensalat auf Lavasteinchen ein Verlangen nachern Seidla Hefeweizn verspürst, nocherdla sprühers der a schdinkerds Wasser aus 3 000 Meter Tiefe der Vogesen ins Gsichd – und bums! Is scho widder Seele baumeln lassen. Schdadds wos Vernünftigs: Zum Beispiel nach 8 Bier nicht die Seele, sondern in ganzn Körper. Und zwar nedd baumeln, sondern taumeln.

Obber nix dou! Du schläfst in einem Ayurveda-Heubett, dassd vuur lauter Juckn middn Gradzn nedd nouchkummsd, und während der Lesung von zahlreichn Aphorismen vom Pater Anselm Grün schmierns di in eine Algenpackung ei, bestehend aus mikronisierten Bulfer natürlich gewonnener Rot- und Braunalgen von der bretonischen Küste. Wo die bretonischen Küstenbewohner woohrscheins heilfroh sin, dass a boor Deppn gfundn hom, denni wo's ihre ölverschmierdn Drecksalgen verkaafn kenner. Obber auch mit dera Algenpest konnsd du widder die Seele baumeln lassen, und es hilft bam Anti-Aging. Erschd ledzds Joahr hod des Anti-Aging baran 86-jährichn Seelenbaumler deroordich gholfn, dasser nach sein Urlaub fei middn Kinderfahrschein widder hammbaumeln hod kenner.

Abroboo Hammfoohrn: Obacht geem, gell! Wall auch dou kenner Seelen die Fahrbahn kreuzen. Masdns baumln däi obber nimmer, sondern schweben nachern Auffahrunfall dou hii, wo der Tucholsky seit fast 80 Joahr aff anner Wolkn hockt und sich denkt, wäi bläid dass manche Prospekt-Schreiber sei mäin. Und obs nedd gscheider gween wär, er hädd ihner damals empfohln, dasser si zwischendurch amol in ihre Prospekte neileeng und a weng ihr Hirn baumeln lassn.

Bollidigg

Mein Krampf

Sie, der Moo hod uns dou in Franken ganz schäi der-
wischd. Also rein rassig gseeng, erbgutmäßich. Der Ding,
der Sarrazin – mid sein neier Buch. Ich hob edzer vergessn,
wäis hassd. »Mein Schreibkrampf« odder suu ähnlich.

Dou hod der also die wissenschaftliche These auf-
gschdelld – odder Prothese, sachd mer in den Fall –,
dass mir in 30, 40 Joahr total getürkt sin. Weechern
Migrationshintergrund. Und uns in Franken werds am
erschdn derwischn, dass uns wechbfeifd. Sarrazynisch
gseeng sin mir dann islamisiert, kopfbetucht, koran-
taminiert – odder halt wech vom Fenster. Entweder mir
machen einen Zwangs-Lehrgang als Aushilfs-Muezzin
affn Turm vo der Sebaldus-Moschee odder mir kummer
fürn Rest unserer fragwürdigen Existenz ins Rentner-
Internierungslager aff Mallorga.

Nehmer S' als abschreckendes Beispiel blouß amol
miich. Ich hob ja aa immer gmaand: Ein Franke mit Leib-
chen und Seele – jawoll, des bin ich aa, durch und durch.
Ja, an Dreeg, Herr Lehrer! Mäin S' blouß amol a weng
Ahnenforschung betreiben. Und nou kenner S' schauer,
wou mir mit unsern Franken-Nachweis hiikummer.

Gut, mei Vater und mei Mutter, däi sin vo dou. Obber
middn Groußvadder gäihds scho oo: Der aa Großvad-
der is vom Steigerwald und den sei Vater wiederum soll
ein Hausierer gween sei, die Ermittlungen nach ihm sin
vo der Urgroßmutter seinerzeit eigschdelld worn. Der
ander Großvater is, i drau mers ja fast goornedd soong,
ausn Erzgebirch, die Großmutter aus einem gewissen
Fetzelhofen. Und die Urgroßmutter? Dou verliert si nou
bereits die Spur im Dunkel der Geschichte. Efendwell
hom a boor aus Böhmen miidgmischd, Oberbayern,

Oberpfälzer, übrichbliemne Franzuusn, Tiroler, Katholiken, nocherdla römische Legionäre, Hunnen, nou ba der Völkerwanderung Sugambrer, Brukterer, Chattuarier, Amsivarier odder wäi des ganze Gschwarddl hassd. Und nou nu a boor tausend Joahr dervuur sin meine Laid ausn Kaukasus kummer odder aus Mesopotamien, also nicht weit wech vo der Türkei. Ja Freind, des is ein Migrationshintergrund, dou zäichds der doch die Schouh aus!

Und des gilt fei nedd nerblouß fiir miich. Ba däi Sugambrer odder Chattuarier und Mesopotamier, dou seid ihr aa alle derbei, ba den ganzn Rumzuuch. Wäi dou unsere Gene banander sin, wou der Sarrazin edzer endlich amol wissnschaftlich erforscht hodd, des mecherd i goornedd wissen. Arch weit konns mit denni Gene ba uns nedd her sei – wennsd rechnsd, dass mir Franken weitgehend vom Affn abstammer odder nach der Sintflut einzelliche Geißeltierchen und Amöben gween sin, also bläid wie die Nacht finster. Und nerdirli die deutsche Hochsprache weder in Wort noch in Schrift beherrscht hom. Teilweise ja haid nu nedd. Vill vo uns sogenannte Franken hom ja nu ba der letzten Erbgutzählung – des woor glaab i 1933 rum – hom ja dou nu allergräißde Schwierichkeiten ghabt.

Obber mir kenner uns mid unsern Marschbefehl nach Mallorga unter Umständen nu a weng Zeit loun. Wall, hod er edzer über sei Buch gsachd, der Sarrazin, es is zum größten Teil ironisch gmaand, satirische Übertreibung. Vorläufich. Also denk ich mir, wemmer zum Beischbill soong dääd: Der Sarrazin is in echt nedd Vuurschdand vo der Deutschen Bundesbank und auch nicht Ex-Finanzsenator vo Berlin und nedd ba der SPD, sondern er hod seine Gene von einem reinrassigen Rimbviech und is insofern als Nebenerwerbs-Wiederkäuer tätig. Und wemmer dou derzou sachd, des is nerblouß ironisch gmaand – dann konn an, glaab i, nix bassiern, odder?

Donald, der Doofe

Sie edzer, weecher der Ding, der Doi Fähr. Also des hod nix mit dem aus der Bibel zum dou, middn Johannes dem Doifähr. Doi Fähr, des is englisch odder amerikanisch odder wos wass iich, jedenfalls hassds Schbillwoornmess, die soundsovielte Närmbercher Schbillwoornmess draußn in Longwater.

Dou wern also scho 67 Joahr lang Spielsachn herzeichd, für Kinder, und seit 67 Joahr derfn Kinder nicht nei in däi Doi Fähr. Und des hod mich scho immer a weng gwundert, dass dou kanne Kinder neiloun. Obber edzer wassi, warum. Wall, dou wern deilweise Sachn herzeicht, däi ziemlich bedenklich sin. Fast kennd mer soong: extreme Sauereien, Horror, Derror, Entsetzen.

Nehmer S' blouß amol unsern Zirndorfer Doi-Hersteller, in Bleimobil. Warum däi Bleimobil hassn, is mer aa a Rätsl, wou ihre Männla doch alle aus Blasdigg sin. Gut, manche soong, des is aa Englisch und hassd Blähmobil. Obber ich hob an Kuseng in Zirndorf, der red ungefähr suu wäi iich, also verständlich, der sachd aa immer Bleimobil. Des blouß neembei.

Also der Bleimobil, der macht ja mit seine Blasdigg-Männla immer suu historische Sondereditionen. Vuur a boor Monat homs in Dr. Martin Luther presst, dann amol in Bambercher Reiter, in Dürer, in Goethe, die Kaiserin Sissi, die Bundeskanzlerin Merkel, Rembrandt, in König vo Bayern – naa!, nedd in Seehofer, des is mehr der Zaunkönig. Und in Otto den Großen gibt's obber als Bleimobil-Männla.

Und edzer, haier, der Hammer unter die Messeneuheiten: Nach Otto dem Großen erstmals Donald der Doofe. Der neue Kaiser vo Amerika. Es Drambala aus Waschington. Homs nern rausbressd in Zirndorf, exklusiv. Und zwar in limitierter Auflage. Limitiert hassd: begrenzt. Odder beschränkt. Also beschränkt im Sinn von Vollbadscher.

Die Frisur original gelb gfärbt, suu a Art Schiebedach. Und wennsd des aufschiebst, nou öffnet sich drunter ein ziemlich vollständicher Hohlraum; dou is ba echde Männla normal es Hirn. Weiter untn eine Art Mund, mehra a Schnuudn. Und wenn er däi aufmacht, dann kann er a paar Worte soong, insgesamt zwei. Däi mäin irchndwos mit sein Beruf zum dou hoom. Wall, suweit i wass, is er Nebenerwerbsholzfäller. Ner ja, wall er immer sachd: Ämerica först, förster, am förstersten. Konn aa sei, dass die elektronische Stimme nedd ausn Mund kummd, sondern irchndwo hindn raus. Dann wär's mehr a weng a Oorschgschmarri.

Sei Kiddl, des is die Flagge vo Ämerica, Stars and Straps, odder wäi des hassd. Und wemmer in Kiddl wechdriggd, nou sichd mer weiter untn, ganz glaa nerdirli, obber für ihn unheimli wichdich, sichd mer sei Ding, sei Szepter. Also wergli nix für Kinder. Vielleicht is aa nedd sei Szepter, sondern a glanne Wurzel, ner ja, wall, hassds, er hod ja eine deutsche. Herkunftmäßig. Bollidisch gseeng mehra a Schwarzworzzl mit an leichtn Stich ins Bräunliche.

Und Sie, suu bläid dass der ausschaut, der Blasdiggwurzlsepp, der Huuserdaschnbräsidend vo die Verunreinigten

Staaten von Amerika – fiir den wern edzer aff der Schbill-
woornmess bereits Höchstpreise geboten, dassd sagst, des
gibt's doch nedd! A amerikanischer Schbillzeichhändler
hod gestern sage und schreibe a Fünfala buudn für den
Blasdiggdrambl aus Zirndorf. Und wennern gräichd für
die fünf Cent, nou nimmdern nexd Wochn miid hamm
und stellt nern als Wachpostn an die mexikanische Grenz.
Nou lachn si die Flüchtling kaputt, wenns den seeng.
Grenzproblem erleedichd.

Obber bevuur Sie edzer den amerikanischen Kunst-
stoffkaschber aa kaufn wolln, zum Abgeem am Recy-
clinghof meinertweeng, dann sollerdi Ihner des viel-
leicht doch nu soong: Ba der Zirndorfer Produktion von
Donald dem Doofen, dou handld si's, wäi mer neuer-
dings im Weißen Haus sachd, um alternative Fakten. Wer
nedd genau wass, wos des is: Ba uns sachd mer »Gluung,
dassi die Balkn bieng«.

Der Kniefall von Schamhaupten

Sie, mich konn suu leicht nix erschüttern. Obber ed-
zer, edzer treibt's mer die Schamröte scho ins Gsichd.
Beziehungsweise die Schwarzröte. Ner ja, weecher den
Anschloooch aff unsern Philisterpräsident. Odder Minis-
terpräsident, kommer aa soong. Hom doch edzer nach
dera Bundestagswahl tatsächlich anne aus seiner eichner
Partei gsachd, er soll zurücktreten!

Also nedd suu, dass, wenn er an Tritt irchndwo
hiigrichd, dass er si nou im Sinn vo anner immerwähren-

den Parteifreunschaft revanchiert und zrigg tritt. Naa – er soll aafheern, Rente mit 68, er soll si ab sofort mehra aff Verkehrspolitik konzentriern, also Modelleisnbahnerlens schbilln in sein Zweitwohnsitz dou drund in den Schamhaupten in der Näh vom Altmühltal. Weichen stelln und Blasdigghaisla basteln, es blaue Fahrdienstleiter-Müdzla am Kubf und a Schaffnerkelln houchheem, vorna roud, andere Seitn grün und ins Bfeiferla neibloosn und nocherdla soong »Der Bummlzuuch Berlin-Ingolstadt-München is abgefahren«.

Also alles, wos rechts is, suu gäihds doch nedd. Gut, Rücktrittsforderungen hosd momentan jeden Dooch zehn odder zwanzg. Des is nix Außergewöhnliches. Und im Fall vo unsern Voll-Horsti aus der eichner Partei is des aa normool. Obber edzer bfeift der Geengwind ausgrechnd widder dou heer, wou iich ja aa her bin: aus Franken! Aus Großhabersdorf und in Ortsverein Nürnberg-West, also Eibach, Maiach, Loonhard, Schweinau, Gosdnhuuf, Gebersdorf und suu weiter. Ja, Sie – der mooch uns in Zukumbfd nimmer, unser heiß odder auch lauwarm geliebter Seehofer. Der bfeift uns wos! Und nedd blouß mid sein Eisnbahner-Bfeiferla.

Erschd hod die Ding, die Pauli, die wüste Gabi aus Färdd-Land in Stoiber abgsäächd, nou nu der Beckstein als Revoluzzer, und edzer woll mer aa nu in Seehofer ins Wastl abschäim! Ausgrechnd – den Mann der klaren Worte aus den verschiedensten Windrichtungen.

Und des is ja aa gut so, des mit die verschiedensten Windrichtungen. Zum Beischbill wollder ursprünglich suwiesuu aafheern haier mit seine Ämter, und nou wollder widder nedd aafheern. Dervuur hodder mid der Bollidigg Schluss machn wolln und nou widder nedd. Nou Kernkraft ja, nocherdla Kernkraft naa. Nou füür

Stromtrassn, korzz dernouch geecher Stromtrassen, für Windkraftwerke, geecher Windkraftwerke, für achtstufiges Gymnasium, geecher achtstufiges Gymnasium. Fräihers hod er a weng nach links tendiert, seit dera Wochn is, hodder gsachd, rechts eine Flanke offn. Wos der alles offn hod – des konn goor kanns ermessn.

Odder auf höchster bolliddischer Ebene: Erschd die Merkel abdrobfn loun wäi a vergessns Ruuzgleggla an der Noosn, und nou öffentlich abbussln, fast scho zuuzln, dassd maansd, edzer foohrns glei alle zwaa in die Flitterwochn nach Mecklenburg. Scho a bissala vorbommern odder wäi mer dou sachd. Und aamol suu soong, aamol suu und nou widder ganz andersch – des is doch nedd schlecht, odder? Konn si jeder raussoung, wos nern am besten gfälld.

Und den Moo, aufrecht wäi a ausgleierter Einmachgummi, den wolln mir Frankn absääng?! Des moußd mer amol zeing, wäi des gäihd: an ausgleiertn Einmachgummi absääng. Eher konnsd a Windhuusn middern großmaschigen Einkaufsnetz eifanger.

Also bevuur unser Parteivorsitzender Brummkreisl, bevuur der aus Franken a Achterbahn machd vuur lauter Woud weecher der Großhabersdorfer Ballast-Revolution – dou foohr ich mit mein gesamtfränkischn Schamgefühl nu haid noo nach Schamhaupten, canossamäßig, werf mi in Staub, rutsch drei Dooch und drei Nächt lang aff die Gnäi um sei Ferienhaisla rum, bitte im Namen vo Franken untertänigst um Verzeihung für alle Unbotmäßigkeiten seit dem 7:3-Club-Sieg geecher Bayern München und notfalls küss i aa sei bollidisches Standbein. Falls er ans hoom sollerd.

Auf einmal bist alt

Ich nimm edzer amol oo, Sie sin nu U-50 odder aller-häigsdns U-60. Und infolgedessen kenner Sie die suu ziemli seltsamste Erscheinung, wo's im Lebn gibt, kenner Sie nedd. Drum ergläär is Ihner.

Und zwar hubfsd du oomds, korzz nachn Fernseh-schlaf, hubfsd du nei in die Beddschadd, vull elastisch nu – ungefähr wäi a Sack Zement. Und fräih, wennsd Glück hosd, wachsd widder auf. Und bist aff aamol – alt. Du wersd edzer zwar eiwendn: Alt sei, des homs doch abgschaffd, des gibt's haizerdooch nimmer. Obber lass ders soong: Du konnsd di mid Wässerla eischmiern, Globoli fressn wäi Gummibäärla, zwaamool die Wochn Marathon laafn, Anti Äidsching, also Oorschfaldnbügeln, jeedn Dooch zum Doggder renner und ihm deine neuestn Diagnosen mitteiln – nidzd alles nix, du bisd und bleibst alt. Also des merkst du nedd dou droo, dassder in der Schdrasser-, Eiser-, S- odder U-Bahn an Sidzbladz oobiedn, wall die Höflichkeit, die is wergli abgschaffd worn.

Obber du mergsders dou droo, zum Beispiel, wennsdi buggn willsd und die Schnüirbändla zoumachn. Noo kummsd vielleicht grood nu, obber nou widder naaf, also halbwegs senkrecht – nix mehr. Es zäichd im Graiz, die Gnäi schlaggern, es Hüftglenk glabbert, der Menis-kus machd an Schnalzerer, dassd maansd, des is Gum-migambl. Und wennsd nou eines Tages doch widder houchkummsd und schausd es erschde Mal seit 20 Jahr widder amol in den bläidn Glabbspiegl im Bad, wou mer in Hinterkubf aa sichd, nou gräigsd an Nervnzusam-menbruch: Dou wou ganz fräihers amol Haar gween sin, dou schausd edzer aus wäi der Martin Luther mit seiner damals nu katholischn Tonsur. Und dou hilfder aa eine Reformation nix – die Haar sin fordd, woohrscheins bereits im Baradies. Drei, vier Zähn sin nu in deiner Goschn drin, in Rest hosd scheint's neili bam Zahnarzt lieng loun.

Obber des alles, däi körperlichn Alterserscheinungen, konn i Ihner soong, des kommer masdns verschmerzn. Es Schlimmste is der Kubf, also innerlich. Wall inner drin in den Kubf, dou is ja oft amol ein Hirn eigloocherd, und im Hirn, dou sidzd ein Organ, Freind, mit dem is nimmer weit her. Und dou gibt's aa ka Organspende odder wäi ba der Hüfte a Blasdigg-Gedächtnis.

Obber – nicht verzagen! Es gibt wos, wousdi gedächtnismäßig über die letztn Rundn im Lebn retten konnsd. Und zwar suu Merkerla, Gedächtnisstützn, Eselsbrückn. Zum Beispiel gibt's an ganz berühmtn Bollidigger, und den sei Namer, der fälld mir, wemmer über ihn am Stammtisch diskutiern, fälld mir der jeeds Mal ums Verreggn nedd ei. Edzer im Moment aa nedd. Und dou hob ich ein Wort als Merkerla, des is suu bläid, dassis nicht vergessn kann. Und zwar des Wort »Mausmelker«. Und dann dou is ganz eimbfach ableitn, vo den Mausmelker. Die deduktive Methode, sachd der Fachmann. Vo den Mausmelker lass i es Melkn wech, und scho hobbi die Maus. Die Maus is ein vierbeiniges Tier, und die Ziege is auch ein vierbeiniges Tier. Die Maus häng i nou an die Ziege hintn hii, und scho hobb i in Ziegenmauser. Und dou hodd doch ein gewisser Böhmermann – is scho a Zeit lang her – hodd der Böhmermann a Gedichtla gschriebn über einen Ziegenmauser, den wous scheint's aweng ins Hirn gschissn hom. Des hodd damals nu kanner glaubt, obber inzwischn wiss mer's. Und vo »gschissn« kumm i dann ohne Weiteres aff »Scheißdreeg«, ein Dreeg besteht masdns aus Erde. Und über die Erde fährt mer mid-dern Auto, braucht mer a Benzin derzou, Benzin hodd eine Oktanzahl, mid weichn K, lässd mer es t wech vo die Ogtan, nocherdla fügt mer die Erde und des Ogan zamm – und scho hommern: in Erdogan!

Warum ich edzer in Zusammenhang mit der Alters-blödheit ausgrechnd aff den Gnalldepp vo Erdogan kumm, des wass i aa nedd. Ner ja, mer wird alt …

Unkraut mit Migrationshintergrund

Sooderla, edzerla simmer alle widder dahamm. Vo die Kleinen Lofoten und die Großen Hebriden, vom Mar-meladenmeer odder wäi des hassd, vom hinterindischen Ozean, Himmerleier, Malediven, Mallorga, Kuba, Florida und suu weiter. Edzer hod alles widder sei geheiligte Ord-nung. Zwaa, drei Wochn lang lassn mir weltweit die Sau raus, dassd soong konnsd, es dreht sich dorddn auch um Krisengebiete. Obber nou loun mir denni Länder a halbs Joahr Zeit, dass widder aufräumer könner und sich a weng erholn. Bis mer nexds Joahr widder kummer, aus unserer Zivilisation.

Obber maaner Sie, an solche Gepflogenheiten halderd sich die Natur? Dass auch die Natur nach Ablauf vo drei Wochen widder dou hii gängerd, wous herkummd? An Dreeg, Herr Botaniker! Däi häld si an ibberhabbs nix, däi Chaotin vo anner Natur!

Genger S' edzer amol naus ba ihrer Herbstwanderung in Fauna und Flora. Wou des genau lichd, wass i aa nedd.

Obber dauernd les i, dass dou momentan widder die Hölle los is. I sooch blouß: Kanadische Goldrute! Odder Indisches Springkraut! Hobbi edzer erschd widder in der Zeitung gleesn, däi Wochn: Grood des Indische Springkraut macht uns unheimlich zu schaffn.

Genger S' amol des Wochnend naus am Aldn Kanal – des Indische Springkraut, des wou vuur einicher Zeit scheint's aus Indien entsprunger is, des wächst dou fei, wäis mooch! Und wennsders wechsensn dousd, nou wächsts nexds Joahr um so ärcher. Und verdrängt, hobbi edzer gleesn, unsere heimische Pflanzenwelt. Des sin nämlich, hodds ghassn, des sin invasive Neophyten. Also wahrscheins suwos Ähnligs wie die schwedischn Soldaten im Dreißgjährichn Krieg seinerzeit. Bloß dass däi, wenns vo die Rechtgläubigen erschossn gween sin, sins nimmer nouchgwachsn. Obber des Indische Springkraut – ich konns Ihner soong! Nicht ums Verreckn hubft des widder zrigg nach Indien! Und wennsders nu suu häckselst!

Edzer wern Sie vielleicht soong: Ner ja, des bissla Springkraut, des gäihd mer doch am Oorsch vorbei, des is doch nedd suu schlimm. Dou wennsersi nedd daischd homm! Wall des Indische Springkraut is ja nedd es aanziche, wou nicht mehr hamm will. Grood ba uns in Frankn und in der angrenzenden Oberpfalz – wos si dou alles rumtreibt an lebensraumvernichtende Exoten!

Dou wersd du ja wahnsinnich, wennsders nedd scho bist. Vuur allem in der Tierwelt. I sooch blouß: Waschbär, Problembär, Wolf, Wildkatze, Elch, Känguruh, Nandu, amerikanische Eichhörnla, Killerbiene, spanische Nacktwegeschnecke, chinesischer Marderhund, polnische Biber und die pergola- und jägerzaunfressende Riesenameise. Lauter solche Grenzverletzer treim si ba uns rum und loun si braadoorscherd in unserer Natur nieder. Ohne Asylandrooch!

Die Jäger und die Neo-Heimatschützer hom edzer auch scho mobil gmachd. Sie wern nimmer ferddi mid däi Schmarotzer. Warddsd nu a boor Joahr, nou irren mir ehemaliche Einheimische durch Indische Springkraut-Wälder, finden nimmer hamm, wern vom Wolf gfressn und derwalln räumt der Waschbär unsern Kühlschrank aus! Wäi wenn denni die ganze Welt gherrerd. Und uns nimmer.

Dou hilft am End nerblouß ans: Dass ba uns die letzten einheimischen Rimbfiecher und Hornochsen immer mehr wern und sich sarrazinartig zur Wehr setzen. Falls nern nu gibt, unsern reinrassichn Heimatkämpfer. Hob scho lang nix mehr vo ihn gheerd, der wird doch nedd im Urlaub sei. Hinterm Mond, oder wo.

Nicht für die Schule lernen wir, sondern für die Katz'

Die Rennsau

Blouß amol oognummer, jemand mecherd affn zweiten Bildungsweech endlich amol mathematisch die Unendlichkeit erforschn odder wissen, wos physikalisch ein Schwarzes Loch is. Nix eimbfacher wäi des: Der braucht si nerblouß vertrauenvollst an miich wenden. Wall, ich bin mathematisch-physikalisch suwos vo unendlich doof, also bragdisch es Unendlichste, wos mer si an Doofheit vuurschdelln kann. Und es personifizierte Schwarze Loch, in den wou bekanntlich alle Materie verschwind. Also in meim Fall der Schulstoff. Kaum is irchndwo ein Schulstoff aufdauchd – schlubb! –, is er in mein Schwarzen Luuch vo Kubf scho unwiederbringlich verschwundn gween.

Warum ich dou edzer draffkumm: Däi Dooch Ende der Großen Ferien, Ende vo den glanner 6-wöchigen Barradies auf Erden, am Diensdooch gäihder widder oo, der Kinder-Knast. Und dou is mir die Rennsau eigfalln.

Die Rennsau hod eingli Schmitt ghassn, Vuurnamer wass i nimmer. Und mir hom nern in Mathematik und Physik ghabt. Aff den alten Klassenfoddo, wou vuur mir lichd, dou hodder sein um drei Nummern zu glanner, zimmli verwaschner, farblich eher farblosn Anzug ooghabd, den wou er immer ooghabd hodd, die Jacknknöpf korzz vuur der Sprengung, zimmli lichde Haar, obwohl er damals nunni arch alt gween is, und a weng in sich neiglachd hodder. Rennsau hommer zu ihm gsachd, wall er nie langsam gloffn is. Immer grennd, mit mittlerer Lichtgeschwindigkeit. Aamol is er in sein Gschuuß die frisch geölten Hulzdrebbn im alten Realgymnasium noogfluung, zammds die groußn Winkl, Lineal und Zirkl, dass mer si halb kabudd glachd hom.

Und aamol, korzz vuur die großn Ferien, hommer bam Schmitt die letzte Schulaufgab gschriem. A boor andere naturwissnschaftliche Gnaller und iich, wou auch in andere Fächer nicht grood Lichtgestalten gween sin, hom bragdisch unser Durchfall-Bescheinigung scho in der Daschn ghabt. Die aanziche Rettung wär ein Einser gween in dera Mathe-Schulaufgab. Also aussichtslos. Und wos hod der Schmitt gmacht – der Mathelehrer Schmitt, den wou mir immer als Rennsau veroorschd hom, hinter den mir hergrennt sin und an Zettel aff sein alten Zwangsanzuuch draßbabbd hom mit der Aufschrift »Die Rennsau kann jetzt auch fliegen«, ba dem mir hint in der letzten Bänk karddld hom odder aff ihn mit der Gummigambl Büroklammern gschossn – wos hod der Schmitt gmachd angesichts unserer Todesangst vuurn nexdn Bomben-Sechser? Die Rennsau Schmitt hod suu eine kinderleichte Schulaufgab ghaldn und mit uns vuurher alle Aufgaben drei Wochn lang trainiert – dass 15 Einser rauskummer sin, 15 Zweier, der Rest Dreier. Ka aanzicher Vierer, Fünfer odder Sechser. Sugoor iich, der König der Gleichungen mit unendlich vielen völlig Unbekannten, hob einen Einser ghabt. Und kanner vo uns mathematischen Kleinsthirnheiner is damals durchgfluung.

Bedankt hod si einerzeit kanner vo uns ba der Rennsau. Blouß es Ministerium – aff sei Art. Däi solln, hommer schbeeder erfoohrn, in Schmitt gedroht hoom: Wenn er numol suu a leichte Schulaufgab macht, gräichder eine Beförderungssperre. Und haid, wou ich auch die Schule des Lebens weitgehend scho hinter mir hob, haid häddi schulisch gseeng blouß nu einen Wunsch: Es mäißerd möglichst ball der Schultag kummer, wous unendlich vill Schmitt gibt. Und die Lehrer sollerdn kann Beamteneid leisten, sondern feierlich an Eid ableeng auf unser viel zu spät geliebte Rennsau und sei Mitmenschlichkeit.

Der Maler Herbst

Wie gäihdsn Ihner edzer im Herbst?

Also ganz fräihers, dou hodds mich vuurn Herbst immer deroordich graust. Naa, nedd weechern scheiß Wetter draußen, sondern drinner. Also im Klassnzimmer, in der Schul. Realgymnasium damals. Dou hom mir um däi Zeit im Realgymnasium immer einen ziemlich irrealen Aufsatz schreim mäin. Es Thema hod masdns ghassn: Der Maler Herbst. Und dou hosd di nou zammschbinner mäin, wie edzer der Maler Herbst widder durch Wald und Flur schweift und die Blättlein vergoldet und diese ihre Farben an den besinnlichen Spaziergänger versenden, dass es nur so blinkt und glänzt und gleißt. Und wenn sie am schönsten gleißen, bambeln sie aber bereits im Herbstwind und fallen in den Schoß der Mutter Erde und bilden eine Rutschgefahr. Also Hermann-Hesse-artige Besinnungsaufsätz, dassd nachn Schreim wie bsuffn und benebelt hammdaumld bisd. Und je ärcher dassdi middn Maler Herbst, mit die bambelnden Blättlein und mit der Vergänglichkeit zammgschbunner hosd, desto Einser.

Und aamol hob ich auch einen Einser schreim wolln und hob lang nouchdenkt übern Maler Herbst und wie dass ich alle andern Aufsatz-Koryphäen ba uns übertreffn konn. Und dann is mer wos eigfalln, vo dem die Einser-Schüler ba uns ganz gwieß null Ahnung ghabt hom. Und nocherdla hobbi in großer Vorfreude aff mein erschdn Einser mit Stern es Schreim oogfangt. Überschrift: »Wie der Maler Herbst einmal eine große Freude bereitet hat«.

Und dann ungefähr suu: »Nächste Woche kommt der Maler Herbst nicht. Weil wir gehen zu ihm. Ich kenne den Maler Herbst persönlich. Der Hans Herbst ist ein Malermeister, welcher letztes Jahr mein Kinderzimmer gemalt hat. Er malt öfter bei uns, weil er ist der Schwiegervater von meinem älteren Kuseng. Und ungefähr alle vier Wochen gehen wir zu ihm, und nach dem Abendessen spielen wir einen Schafkopf, wo ich auch schon mitspielen darf, weil es mir der Maler Herbst gelernt hat. Der Maler Herbst sagt, dass die wichtigsten Farben Eichel sind, Grün, Rot und Schelln. Beim Schafkopfen hat es immer einen oder zwei Kasten Bier gegeben und ein Herbstnebel ist auch im Wohnzimmer gewesen, weil jeder geblescht hat wie eine Dampf-Lok, und zwar kostenlose Lucky-Strike, wo der Maler Herbst aus der PX bei die Ami besorgt hat. Am meisten hat der Onkel Robert geraucht, wo es aber scheint's nicht vertragen hat. Oder das Bier. Einmal hat der Maler Herbst die Farben Grün, Weiß und Rot gezaubert. Und zwar ist mein Onkel Robert mitten in einem Rot-Solo nacheinander ganz grün und weiß im Gesicht geworden. Und er hat speien müssen, in einen Plumps-Abort hinein, weil andere Abort hat es in der Siedlung in Schwaig noch nicht gegeben. Und der Onkel Robert hat aus Versehen sein Gebiss in den Abort gespeit. Aber der Maler Herbst, wo auch Vorstand vom SV Schwaig ist und Ehrenspielführer, hat es mit dem Besen wieder rausgefischt, und die Tante Sofie hat gesagt, dass sie froh ist, dass es den Maler Herbst gibt. Weil ohne Gebiss versteht sie den Onkel Robert nicht, weil er dann immer so nuschelt. So hat der Maler Herbst eine große

Freude bereitet und wir haben ohne Nuscheln weiterkarteln können.«

Nerblouß ba mir hod si die Freude a weng in Grenzn ghaldn. Wall ich hob aff mein Besinnungsaufsatz vom Maler Herbst kann Einser mit Stern gräichd, sondern einen Bomben-Sechser. Und der alt Ahlborn, unser Deutschlehrer, hod nu gsacht: »Bodenlos!« Und nou hob ich gsachd: »Bodenlos is mer worschd. Habbdsach, mir hom edzer im Herbst a Dach iibern Kubf.« Nou hobbi an Verweis aa nu gräichd.

Obacht bei der Namenwahl

Ner dou wird's edzer obber ganz schäi gnarzn dahamm im Gräbala! Also zeugungs- und geburtenratenmäßig. Wern S' aa gheerd hom, odder: Es soll edzer demnächst es Kindergeld erhöht wern. Und zwar um sage und erblasse vuur Neid, wennsd kanne Kinder hosd, um 4 Euro! Im Monat! Des kommer ja fast scho a vermögensbildende Maßnahme nenner. Gloor!

Nehmer S' als Beischbill blouß amol in Ding, in Schäfflers Gerch vo Herzoongaurach. Der hod vo seine Eltern auch eine vermögensbildende Maßnahme gräichd, in Form vonnern glann Wälzlagerwerk in Herzoongaurach. Und dadurch is er seit Neuestem, is ermittelt worn, der reichste Mann in ganz Deutschland, mit einem Vermögen vo 24 Milliardn Euro. Mer mouß hald a weng sparn, nä. Wall, wenn Sie däi 4 Euro im Monat auch, wäi der Schäfflers Gerch, ins Sparbichsla denner, dann hom Sie däi 24 Milliarden Vermögen in einicher Zeit aa banander. Ich hobs ausgrechnd: In knapp 600 Millionen Joahr.

Ner wenn des ka Anreiz is fiirs Kindergräing, nou wass i aa nedd. Obber, Laid, obacht geem edzer im nahenden Frühling, Springtime, wie der Franke sachd, obacht geem middn Springen. Odder Aufhubfala. Wall, ba aller Begeisterung über die Kindergelderhöhung – uns gänger momentan die Vuurnamer aus für Kinder. Wall, wer mecherdn heizerdooch, suu wäi der Schaeffler, wer mecherdn scho nu Gerch hassn? Odder Franz, Hans, Herbert odder Betty?

Froong S' amol an zehntägigen Säugling, wos seinem Wunsch gemäß der Pfarrer ba der Wässerung am Taufbeckn der gespannt lauschenden Gemeinde vuurstottern soll? Aff goor kann Fall suu bläide Namer wie Gerch, Betty, Franz, Hans odder Herbert! Däi mecherdn haaßn: Hazel Patricia, Shaneia-Clementine, Bluna-Apfelsine, Rüzgar, Samira odder zum Beispiel June Evangelia Lucy Fee Meichlbeck. Meichlbeck wär nou obber der Nachnamer. Odder Räidschl, wäi ba uns in der Siedlung – die Räidschl Bemmerlein-Haberzettl.

Vuur a boor Dooch – hobbi in der Zeitung gleesn –, dou is in der Herschbrugger Schweiz Folgendes passiert: Dou is a glanner Bou als ganz normales mittelfränkisches Waggerla in die Kirch zum Taufn neidroong worn, und als Dschoordsch Dabbljuu Meikel Prechtlsbauer is er widder rauskummer. Und dou hodds die 4 Euro Kindergelderhöhung nu goornedd geem ghabt!

Wos maaner S'? Bei Dschoordsch Dabbljuu Meikel, dou kummerd der heimatliche Bezug zu kurz? Naa, des kommer nedd soong. Wall, zum Beischbill anne vo unsere großen deutschen Denkerinnen, die Verona S. Feldbusch (S hassd in dem Fall Spinatwachtl), und die altenglische

Tattoo-Haut und Schwanzkistn David Beckham, däi hom ihre Kinder San Diego (a Stadt in Kalifornien) tauft und Brooklyn – des is a New Yorker Stadtviertl. Und suu ähnlich kenndns mir ja aa machen in unserer Vornamens-Not. Später wern s' uns amol vo ganzn Herzn dankbar sei – wenn s' als Dr. Himbflshof Lohmeier, als Prof. Gänsberg Kaltenecker oder Gössweinsteinerova Breinbauer stolz erhobenen Personalausweises ausn Einwohnermeldeamt naustaumln. Und nedd wissen, obs a Männla, a Weibla odder es Kind vo hirn-teilamputierte Eltern sin.

Odder denk bloß an Germany's oldest Dobf-Moddl, an die Claudia Schiffer. Däi hod ihr Kind Caspar Matthew taufn loun. Hinter den wern die Mitkindlein herrenner und respektvoll ausrufen: »Schau hii, dou kummd der Schiffers Kaschber!«

Suu an ähnlichen Fall hommer auch scho amol in Närmberch ghabt. Bei anner Familie Zibfl. Däi hom si nou für viel Geld umtaufn loun: vo Zibfl in Probst. Mit großem Erfolg: Ihr Sohn – des is ba uns damals nerblouß nu der Probstns Zibfl gween. Also drodz den Haufn Kindergeld demnächst: Obacht geem ba der Namenswahl!

Die Kinderhändler

Ich mouß amol widder a weng rückläufich wern. Ka Angst – blouß a boor Joahrzehnte zrigg. Vielleichd konn si nu wer droo erinnern.

Dou hodds ba uns im Värddl und in alle andern Värddl, glaab i, aa, dou hodds suu Schreckgestalten geem.

Ner ja, wall mir hom ja damals als Kinder alles Mögliche in uns verspürt, nerblouß keinen Leistungsdruck. Und dass mer wenigstens manchmal a weng an Druck gräichd hom, hodds die Schreckgestalten geem.

Die mildeste Schreckgestalt woor masdns der Vadder. Dou hodds nou immer ghassn: »Wennsd edzer nedd serfordd dein Schbinood aufisst, nou soochis haid Oomd in Vadder. Nou konnsd wos erleem! Nou fälld der Waadschnbaum obber um!« In den Fall is der Leistungsdruck erträglich gween. Wall endweder is der Vadder oomds guornedd kummer, und wenn, is er zu mäid gween, dasser in Waadschnbaum umschmeißt. Hommer in Schbinood ohne weitere Folgen in Abordd neischbodzn kenner.

Es zweite Schreckgespenst is der Schwarze Mann gween. Mit den saubläidn Liedla is der ankündicht worn: »Wer hat Angst vorm Schwarzen Mann?!« »Niemand!!« »Wenn er aber kommt?!« «Dann laufen wir davon.« Also der Schwarze Mann woor uns aa worschd.

Obber der Dritte vo däi Vuurschdadd-Gschbensder – also dou hob ich fei lang einen Heiden-Reschbeggd ghabd: der Nachtgieger! Wall, glei hinder die ledzdn Haiser, affn Bauern Hollweech seine sauern Wiesn, dou hom mir immer dschambld, also Foußball gschbilld. Oft bis in die Nacht nei. Und wenn nou hinter Glaishammer und Zabo, wenn dou die Dämmerung langsam raafzuung is und wenn's suu duusder woor, dassd manchmool dein Geengschbieler sein Kubf middn Balln verwechsld hosd – nou hommer gwissd: Edzer konner jeden Aungblick kummer, der Nachtgieger, und nimmt di miid mit seine Gralln.

Des middn Foußballn und middn Schwarzn Mann und middn Nachtgieger, des is mer edzer widder eigfalln,

wäi i gleesn hob, dass bam Club des Wochnend ein Fuß-
ballturnier is, und zwar U 14, mit Mannschaften aus ganz
Europa! U 14, also in den Alter ungefähr, wou mir damals
aa gween sin. Und dann hobbi numol wos gleesn: Der
FC Bayern-Nachwuchstrainer Hermann Gerland (der
woor aa scho amol bam Club), der hod fiir sein Milli-
ardärsverein in München drei Spieler aus Berlin kaffd.
Zwaa vo däi Spieler sin 14, anner is 13. Hod der kaffd, fiir
20 000 Euro. Also Kinderhandel.

Und wäi ich des gleesn hob, hobbi mi nou gfrouchd,
wäi des ba däi Kinder haizerdooch gäihd mit den Leis-
tungsdruck? Und welcher Volldoldi den erzeugt, wenn's
nachweislich kann Nachtgieger mehr gibt?

Dou schätzi amol, dou werd halt aa der Vadder es
Schreckgespenst sei. Und der werd ungefähr Folgendes
anordnen: Mit zwaa Joohr gräichd der Bou Windeln in
die Vereinsfarben vo Bayern München. Mit drei mouß er
beidfüßich schäißn kenner. Mit sieben gräichder täglich
dreimool eine Egozentriker-Dableddn. Mit neun wachsn
nern die erschdn Däduus aff der Haut und a Frisur,
dasser selber ball a Schreckgespenst is. Und mit zwölf
werd er nou, der zukünfdiche Multi-Millionär, middn
Einkaufswäächala affn Spielermarkt gschuum. Endweder
vom Vadder persönlich odder vonnern Nebenerwerbs-
Handaufhalter. Aufhalter, nicht Zuhalter, gell!

Und wenn nou der bekannte Menschenfreund Her-
mann Gerland kummd und middn Schreckbüchla
wedelt, beziehungsweise Scheckbüchla? Dann dääd ich
den Boum dringend raten, wenn ich sei Vadder wär
odder der Großvadder: Dann – dann laufen wir davon!
Und zwar efendwell rückwärts – in däi Zeiten, wou
Foußballn zwischer Glaishammer, Zabo und Mögeldorf
nu an Spaß gmachd hodd.

Die armen Einser-Schüler

Sie, amol wos ganz Privates aus meim Leem, fast scho intim kennd mer soong. Mouß obber unter uns bleim, gell, sunsd konnis nedd erzilln.

Und zwar: Schwarzer Freidooch, »Dies Ater« hassds aff lateinisch, hädd i aa lerner solln damals, wenn i Zeit ghabt hädd, also: Tag der Zeugnisausgabe. Haid, nä. Und dou konnsd edzer widder seitenweis Abhandlungen lesen über die Klugscheißer ba uns im Land: Einser-Abitur, Abschluss mit Notendurchschnitt 1,0 – manche sugoor drunter –, Hochbegabten-Förderung, Maximilianeum-Stipendium, Einser-Schüler, wou ummersunsd mit der Eiserboo foohrn derfn odder gratis in Närmbercher Tiergarten. Zeugnis vuurzeing mit die Einser, und scho kenners kostnlos nei zu die Affn, Esel, Rimbfiecher und Kamele. Obber vo die ganz normooln Knirpse und Knirpsinnen, däi haid zimmli langsam hammgenger, dou liest du nerdirli nix.

Also wos i soong hob wolln: Ich hob masdns Zeugnisse hammbracht – also dou hädd ich unter Umständen vielleicht aa ummersunsd in Närmbercher Tiergarten neiderfd, obber mehra als Insasse, Stichwort Esel, Rimbfiech, Kamel.

Aamol, wassi nu wäi haid, dou hob ich fünf Fünfer im Jahresabschlusszeugnis ghabt. Also fast mehr Fünfer, wäis Fächer geem hodd. Des woor dou, wou mei Klasslehrer gsachd hodd, wenn i suu breit wär, wäi ich bläid bin, nou kennd mer mit mir die Färdder Schdrass abschberrn. Bin i damals aa zimmli langsam hammganger, und wäis mi dahamm nach Zeugnis gfrouchd hom, hobbi gsachd: Gräing mer erschd in zwaa Wochn, unser Klasslehrer is krank. Im Rückblick frouch i mi dou haid manchmal fei scho, wer bläider gween is: iich oder meine Laid, däi wo mer des middn krankn Klasslehrer glaubt hom.

Und auch ba die Subber-Gscheidala im Land frouch i mi des manchmal: Wer eingli die wahren Deppen sin ba uns. Zum Beispiel die Vordenker und vuur allem Lenker. Unserer Autobauer-Bosse. Wäi gscheit däi fräihers gween sin: Einser-Abiture der Reiher nouch, Studium, Drimmer Doggderdiddl, manche sugoor mit summa cum laude wäi der Dr. Ade Guttenberg. Der hod sugoor zwaa Doggderdiddl ghabt. Ann hodder abgschriem, und in andern homs nern abgnummer.

Obber widder zrigg zu die Automanager. Denni homs weecher ihrer Gscheitheit nocherdla Orden und Auszeichnunger und Ehrungen ner suu nouchgschmissn. Und es Geld aa. Und infolge ihrer Einser-Zeugnisse und ihrer Gscheitheit und ihrer immensen Bildung homs gmaand, sie kenner uns jahrzehntelang bscheißn, dass uns der Ausbuff tropft, und es kummt nix raus. Außer Stickoxide nerdirli. Ja, und edzer hom si die hohen Herren der Verbrennungsmotore selber brennt. Is doch wos rauskummer, außer die Stickoxide.

Also wer is edzer bläider: irchnd asuu a Auto-Baron Münchhausen, dem wous außer a bissala an Bildung vuur allem eine Überdosis Einbildung intravenös eitrichtert hom odder anner mit a boor Fünfer im Käsbläddla? Odder suu gfrouchd: Anner, wou maand, dass mer die zig Millionen an Vorstandsgehalt eines unschönen Tages mit niiber nehmer kann – is der nedd mindestens aa suu doof, dass mer mit ihm als Vollpfostn die Färdder Schdrass absperrn kann?

Also liebe Leidensgenossen und Fünfer-oder Sechser-Schüler: Geht haid hoch erhobenen Kopfes hamm, auch wenner an euern Zeugnis schwer tragt. Wall am End is

in euern Kubf mehra drinner wäi a VW-Vorstandsvor-
sitzender (odder Mercedes odder Audi odder BMW)
jemals denkt hodd. Und wenn des alles nix nützt, nou
sachder hald dahamm, euer Klasslehrer is sechs Wochn
lang krank.

Der Schulranzen im Lauf der Zeit

Des wern Sie aa wissen, odder: dass fräihers alles besser
gween is. Obber des is nerdirli a Gwaaf. Wall, je älter, desto
Sieb. Odder Seier. Also unser Hirn, nä. Und durch den Seier
im Kubf, dou rudschn die unangenehmen Erinnerungen
durch und fortgschwemmt sins, für immer.

Ich bin edzer aa hinter den geheimnisvollen Verdrän-
gungsmechanismus kummer. Und zwar: Gestern is ja die
Schul widder ooganger, der Ernst des Lebens. Der dauert
ungefähr bis zum Tod. Dernouch soll's angeblich widder
besser wern. Ja, und dou hobbi innern Prospekt fürn
Schulanfang, dou hobbi gleesn: »Schulranzen Set Samso-
nite Premium Basic Light«. Suu hassd däi Büchertaschn
für Erschdglässler scheint's.

Also »Schulranzen Set Samsonite Premium Basic
Light« – der kost 270 Euro 75, Mehrwertsteuer scho
inklusive. 270 Euro 75, dou sagst du edzer nerdirli: Ja,
des woorn doch fräihers amol ball 500 Märgla! Dou hosd
du doch ohne Weiteres einen gebrauchten VW-Käfer
derfiir gräichd! Des woor damals a richdigs Auto fei.
Und edzer kost des eine Bücherdaschn! A Bücherdaschn
seinerzeit – original Babberdeggl, linoleum-verstärkt,

handmade vom Großvadder, däi hodd ibberhabbs nix kost. Und wennsders bam Koffer-Berner kaffd hosd, vielleicht 5 Mark.

Ja, obber edzer kummd des mit fräihers und haid: Wall wos an den Schulranzen Set Samsonite Premium Basic Light für 270 Euro alles derbei is! Ergonomisches Rückenpolster, Getränkeflaschenfach, Brotbox, Sicherheitsreflexband, Bodenwanne, Kordelzug mit Karabinerhaken, Überwurfdeckel, Organizerfach mit Dehnfalte für MP3-Player oder Handy. Schdell der vuur: mit Dehnfalte! Und dann nu ein Extra-Nass-Fach mit Schnellreißverschluss. Ein Extra-Nass-Fach! Fiir wos des is, des Nass-Fach, wass i aa nedd, woohrscheins zum Neibiesln.

Jedenfalls kein Vergleich mit fräihers. Dou wennsd du zu dein Banknachber gsachd häsd: »Schau amol her, du Bauernzibfl, wos iich hob – an Samsonite Set Premium Basic Light mit Dehnfalte und Nass-Fach!« Wassd du, wos du dou gräichd häsd? Drimmer Fodzn in der Pause.

Obber haid – eine Selbstverständlichkeit, a Bücherdaschn fiir 270 Euro. Und wenn es Nass-Fach vullbrunst is, widder a neue. Dou droo siggsd also scho amol ganz deutlich, dass heizerdooch alles besser is und teurer und wesentlich bläider. Und nicht zu vergessn, ein Organizerfach für MP3-Player und Handy oder Smart-Phone. Dou konnsd du am Hammweech vo der Schul MP3-Playen und Smart-Phonen.

Dou derf i ja goornedd droo denkn, wos *mir* am Hammweech vo der Schul ghabt hom, ohne Organizer-Fach. Bragdisch nix. Mit der aldn 16-er zum Rathenauplatz vuurgfoohrn und hintn an der Radbrems kurbelt, dass mer vom Schaffner Drimmer Schelln gräichd hom. Obber bloß, wenn er uns derwischd hodd; zu zehnt ummern Müllers Wulf rumgschdandn (des is der vom

Stempel-Müller), des woor der aanziche, wo eichne Ziga-rettn ghabd hodd, und gfrouchd, ob mer aa gschwind amol an Schnapper machen derfn; middn Prechtels Ger-hard in die Vordere Sterngass ghaadschd, wall dou sei Großvadder a Bäckerei ghabd hodd: Nusseckn gratis bis zum Abwinken, und derhamm hodd si die Mutter gwundert, warum dass mir schokladene Nüss schbeier, obwohl's zum Mittagessn an Spinat geem hodd; vom Deffners Muffers glernd, wäi mer in seine strohigen Haarer mit Bier eine Elvis-Presley-Rolln neidreher kann; vom Rübsamens Heinzi auf Nimmerwiedersehn 15 Bfen-ning gleihd, dass mer si a Portion Zitroneneis bam Anto-nio im Regina kaafn kenner; odder die Maadler vo die englischen Frollein nachgschbechdld, leider bloß mit die Aung.

Also vo suu hammerartige Tätigkeiten am Schulweg wie MP3-Playen und Smart-Phonen keine Spur! Wall mer in unsere gschissner Bücherdaschn kein Organizer-fach ghabd hom. Und dou droo siggsd du: Fräihers woor alles aff goor kann Fall besser. Häigsdns vill, vill schenner.

Leib und Seele

Im Szene-Lokal

Des wern S' aa wissen, odder, dass des Wort »Tafel« (mit harddn D) mehrere Bedeutungen hodd. Gibt a Gedenktafel, a Schultafel, und a Schoglood is aa a Tafel. Is gloor. Blouß hob ich immer nedd gwissd, warum dass ein gedeckter Tisch auch a Tafel is. Und warum mer nou zum Essn »Tafeln« sachd. Obber edzer wassis.

Und zwar Folgendes: Ich bin in ledzder Zeit a boor Mal in einem sogenannten Szene-Lokal gween. Warum däi Szene-Lokale hassn, wassi aa nedd. Vielleicht desweeng, wenn es sogenannte Essn kummd – braggdisch drei glanne Bätzla bestehend aus 1 geschrotetem Sonnenblumenkörnlein an Kolibri-Ei mit gedünstetem Vogelbeer-Carpaccio –, dass dou seitens des Gastes a weng a Deooder gibt, also eine Szene. Dass der in Ober oobrüllt, er soll des Besteck am Diisch widder miidnehmer und schdaddsdessn a Binzeddn bringer. Also Szene-Lokal.

Mir woorn zu fünft. Und kaum simmer dorddn ghockd, frouchd uns die ungefähr zwölf Joahr alte Bedienung, ob mer scho wissen, wos mer essn wolln. Hob ich gsachd, dass mer des nedd wissen kenner, wall mer ka Speisekarddn hom. Sachd sie, dass des vorna am Eingang an der Tafel alles dorddn steht. Mer konn also aufgrund vo meine Erfahrungen in die Szene-Lokale soong: Speisekarddn sterm aus, schdäihd edzer alles aff der Tafel. Desweeng »Tafeln«.

In unsern Fall is nicht ganz einfach gween middn Bestelln, wall, mir sin ganz hindn um die Eckn rum gsessn. Mir häddn also einen Feldstecher braucht, mit dem mer um die Eckn schauer konn. Suu hädd mer obber wieder alle fünf vuur zum Eingang gmäißd, dass mer die Tafel studiern. Meine Freind hom nou obber mich vuurgschickt, braggdisch als Spähtruppführer. Bin i vuur und hob Folgendes gleesn: Jakobsmuschel auf Kürbis-Sorbet in Honig-Senf-Dressing und Gewürz- nüssen, zweifarbige Petersilienwurzelcremesuppe, rosa gebackene Kalbsleber mit Quittenkompott auf Pastina- ken-Püree, Winterkabeljau im Wirschingblättlein auf Möhrenrisotto und Kartoffel-Kürbis-Stampf, indische rote Linsen-Kokoscreme an Orangen-Chicoreeauflauf, Schoko-Tonkabohnen-Pannacotta mit frisch gepresstem Granatapfelkern, Apfelkapern an Thunfischsößlein im Heubett mit Petersilien-Parfait.

Binni widder hinter zu meine Freind und hob gsachd »Also, obacht, es gibt Folgendes zum Essn«, und wäi i's der Reiher nouch aufsoong hob wolln, hobbis ver- gessn ghabt. Also widder vuur und mir alles genau eingeprägt: Barfüßige Petersilie, Wintermuschl in rosa Honigwurzln, indische Kokosmattenläufer an Handgra- naten, Bosniakendressing an Kaffeebohnen-Carpaccio, dreifarbige Apfelbuuzn mit Thunfischsenf – in Rest hobbi widder vergessn ghabt, hobbi numol vuur gmäißd an die Speisetafel. Wider zrigg und vuurdroong: »Also, es gibt: Handgeschnitzte indische Kürbismännla, Granaten- Deppn, Winterquitten, Thunfisch-Honig, Kokosnuss- Risotto, Oorschwurzeln mit Chicoree-Senf – odder wos.«

Ich bin nou als Speisetafel-Nuntius entmündigt worn, die Bedienung hod vo sich aus an jeden vo uns däi drei Bätzla bracht, wou i scho gsachd hob, also handsignierte Bio-Eier von fränkischen Ameisen im Nagelbett. Hädd pro Muggnschiss 23 Euro 50 kost. Obber gut, dass des aff anner Tafel gschdandn is. Mir hom nämli blouß 3 Euro 50 zoohln mäin. Walli den Zweier vo die 23 Euro 50 an der Tafel gschwind glöschd ghabd hob. Middn Tafellappn. Suu preisgünstig hommer scho lang nimmer getafelt.

Der Überraschungskürbis

Ob ich amol a Frooch hoom derferd? Und zwar an die äldern Laid vo eich, soong mer amol Ü-60 und häicher.

Und zwar Folgendes: Fräihers, also ganz fräihers, wos woor nern dou es Schlimmste, wos zum Essn geem hodd? Also ba mir, an erschder Schdell eindeutig der Schbinood, is gloor. Aamol, wäi er mer in die Goschn neigschdobfd worn is, hobbin middern Magneten widder rauszäing wolln. Walls ja immer ghassn hodd, der Schbinood is eisenhaldich. Der is obber godzeidank suu geschmeidich gween, den hosd ganz leichd widder rausschbodzn kenner.

Obber gnabb derhinter is scho ein sogenanntes Essn kummer, dou is mer bereits bam Hiischauer gscheid schlecht worn: Dou hodd, masdns die Sunndoch, die Großmutter zur Feier des Tages ein antikes Einmachglas ausn Keller ghulld, hodds mit triumphierendem Blick als Krönung des Familienessens am Diisch hiigschdelld, und in den Glas, Sie, dou is ein Zeich rumgschwummer, des hod ausgschaut wäi lauter glanne doude Fiisch. Und dodaal bleich, Leichenstarre woohrscheins, nä. Und zimmli ausgfranst. Und zwar woorn des eigweckte Kürbis-Stückla. Und gschmeckt homs genau asuu, wäis ausgschaud hom. Nach Ooorsch und Friedrich hod mer damals gsachd. Dou is der der Abbedidd verganger, Freind!

Godzeidank sin däi Kürbis-Stückla mit der Zeit unmodern worn, und mer hod si die Sunndooch hundertbrozendich aff sein Schweinebraten konzentriern kenner. Obber haid, kaum sin fuchzg Joahr vorbei, kummd des weitgehend gschmacklose Zeich widder affn Diisch.

Foohr amol naus in die Fränkische odder a weng niiber in die Oberpfalz odder riiber in die Ansbacher Geengd – nercherds findsd du edzer um die Zeit ein Werzhaus, wous der nedd einen Kürbis in alle Variationen neibressn mecherdn. Kürbissuppe, Kürbisküchla, Kürbisauflauf, analog zum Kirschmännla Kürbismännla, Kürbis in ganz dünne, zimmli ungenießbare Scheim gschniidn, also Kürbis-Carpaccio, Schlupfkürbis, Kürbiskoung, Kürbis im Blädderdeich, Kürbiskörnla im Kürbissalood drinner, also a Art Vogelfutter, dassd dernouch bfeifsd wäi a Zuuchvogl aff der Flucht, quasi Kürbis mit Musigg, Kürbisgniedla, panierdn Kürbis.

Und wennsd nou nach fünf bis zwölf Schdamberla Kürbisschnaps widder nausdaumelsd ausn Werzhaus, wos lichd nou am Wegesrand? Grouße Kürbis, glanne Kürbis, gelbe Kürbis, gräine Kürbis, Kürbis in Flaschnform, Kürbisfigurn und am End vom Dorf hängt a Plakat, wou draffschdäihd »Am Sonntag großes Kürbisfest mit Wahl der Kürbiskönigin«. Kürbiskönigin werd, nimm i oo, die Bewerberin mid die zwaa gräißdn Kürbis in der kürbisfarbenen Bluusn. Und ihr Prinzgemahl is nou der Mister Kürbisbadscher.

Aff däi Kürbisfeste konnsder nou scho für zwanzg, dreißg Euro einen Drimmer Kürbis für a weng Dahammrumkürbissn kaafn, dassd nern bam Hällowien ausgradzd, a möglichst bläids Gsichd neischnidzd, am besdn dei eings, wou mer nou middern Kerzla drinner am Garddnzaunbfosdn hiischdelld. Und droomer am Firmament glodzd derzou der Vollmond roo, einer der gräißdn Kürbis im Weltraum ibberhabbs.

Kürbis-Aushöhln, fälld mer dou ci, des hom mir fräihers auch gmachd. Und zwar in Nachber seiner Kürbis-Blandaasche hommer si in gräißdn Kürbis rausgsouchd, in der Dämmerung, wäi der Nachtgieger scho hinder die Kartoffläcker aufdauchd is, und nou hommer alle middernander neigschissn und hom oomer in Deckl vo den Kürbis widder schäi mid a boor oogschbidzde Schdeggerla draffmondierd. Und wäi nern der Nachber und sei Frau am andern Dooch middn Häggla affn Haggschduug gschbaldn hom, in Kürbis – Sie, des hod gschbrazzld. Und nou homs alle zwaa es Gsichd vuller Sommerschbrossn ghabd.

Der Kürbis Surprise damals, des woor der beste Kürbis in meim Leem, den ich mir denkn konn. Mäißerd mer widder amol an machn.

Der Plastikbrezen-Skandal

Also wenn i nedd scho bläid wär, vo Natur aus, werrerd i edzer nersch. Ner ja, weecher den Skandal momentan – Mausdreeg in die Weggla baran Groß-Beggn in unsrer Geengd und wo andersch Küchenschaben im Brot und suu weiter. Und dou genger edzer die Laid, hassds, aff die Barrikaden.

Falls Sie momentan auch naufgrabbeln mecherdn aff die Barrikaden, vuur lauter Brass auf die Sauereien, beziehungsweise Mäusereien – nou genger S' widder roo. Werd alles nedd suu dreggerd gessn, wäis backn werd.

Sachd auch eine Dame vo der behördlichn Lebensmittelüberwachung in Erlangen. »Kot am Brötchen«, hodds sehr vornehm gsachd (gmaand hodds nerdirli Mausbemberla im Weggla), »ist zwar nicht zum Verzehr geeignet, aber auch nicht gesundheitsgefährdend.« No, seeng Sie's: viel Scheißdreeg um nix.

Metallspän solln aa in irchnd anner Breezn drinner gween sei und a boor Blasdiggschbreißala und, glaab i, nu Maden odder wos. Konn i blouß soong: »Made in Bavaria« is doch a Gwalidäädssiegl, odder?

Und dann moußi edzer amol soong: Wos mir aff den Gebiet »Lebensmittelüberwachung« oder genauer gsachd »Lebensmittelüberwachungsverschlafung« scho alles gschluckd hom in die ledzdn Jahre und Jahrzehnte! Ich sooch blouß: Quecksilber in Abflsinen, Pferde-Oorsch im Fleischküchla, erschd Kampfgas, nocherdla Glyphosat im Bier drinner oder Nikotinrückstände in Hennereier – ja Gott, wenn die Henner in ganzn Dooch grauchd hom wie bläid, nou rieng hald die Gaggerla aa nach Zigareddn, wos willdsdn dou machn als Hennerzichder?!

Dann, scho länger her, Wein aus Frostschutzmittel. Is doch nedd schlecht. Damals hodds ja nu einen Winter geem. Und wenn dei Hoobl fräih nedd oogschbrunger is – gschwind zwaa, drei Schobbn Gräiner Veltliner neigschidd in Tank, scho isser widder gloffn.

Wos hommern nu ghabt? Hennerdreeg in die Nudeln, Östrogen im Wiener Schnitzl, Dioxin im Koddledd, Bazilln in der Worschd, Mineralöl im Schoglood, Kakerlaken im Brot. Und – hodds uns wos gschadd?!

Gut, ba däi Durchfall-Bakterien, ba den EHEC in irchndwelche Salatsprossn, dou sin a weng über 50 Laid gschdorm droo ba uns. Obber insgesamt kommer soong: Dadurch, dass die vo der amtlichen Lebensmittelüberwachung zwar überwachn denner, obber nix weitersoong, dadurch sin mir doch weitgehend immun worn. Und je mehr mir vo den Dreeg neimambfn, desto immuner, desto mehr gwöhnt si unser Körper an die Maden und Mausbemberla und Unkrautvernichtungsmittel und Würmer und Kakerlaken.

Und wall i sooch Kakerlaken – des hobbi neili gleesn: In der Nouvelle Kusine odder wäi däi hassd, also in der allernouvellesten Kochkunst, wissn S', wos dou los is momentan? Also däi graust's aa vuur goornix. Dou wern edzer Heuschreckn propagiert, Schaben, Grillen, Käfer, Mehlwürmer, Insekten aller Art – also nedd zum Zammgwedschn zwischer Daumen und Zeichefinger, wemmers derwischd, sondern zum Essn. Wall, soongs, däi Viecherla enthalten null Kohlehydrate, obber derfiir Proteine und Vitamine.

Also, wo sinnern nou däi Funde in unsere Großbäckereien a Skandal? Metallspäne in der Breezn und Kot am Brötchen hom doch aa kanne Kohlehydrate. Also dodaal gsund. Und dann – wenn i an ganz fräihers denk, wos mir dou alles gessn hom! Kaulquappn odder fiir a Fünffala an Maierkäfer in Kubf abbissn – des is nu vill, vill kohlehydratärmer gween.

Denkn S' nerblouß an den schäiner Abzählvers damals, wemmer Versteckerlens gschbilld hom: »Eene Meene Mubbel, wer frisst Bubbel, süß und saftig, für eine Mark und achtzig, eine Mark und zehn, und du kannst gehn.«

Die Weinprobe

Woorn Sie scho amol aff anner Weinprobe? Im Underfränkischn? Iich neili. Also, iich maan nerdirli nedd asuu a Schnellbress-Abfüllung, wou suu a Dorgl-Glubb, a

Schwarm Schluggschbechd, schaud, dass fiir däi 15 Euro Verkosdungsbauschale die Winzergenossnschafd vo Sommerach leersaufd. Und dernouch bamm Hammgrabbln durchn Schdrassergroom in Vollmond für einen Wanderkürbis in vierfacher Ausführung haldn, und die Frau Gemahlin fiir die Claudia Schiffer. Also ba mir – des is scho aff einen wesendlich häicheren Niveau gween.

Schdadds an richdichn Schobbn-Glas hom mir zum Beischbill a jeder suu a ganz glanns, silberns Fingerhüüdla gräichd, wäi a Esbresso-Löfferla. Und nou hodds amol als Erschdes a Schdiggala druggns Wcißbrood geem. Nocherdla ein Schwarzbrood, guud abgehangen, a Gnerzla vonnern Bagedd, a Vollkornbrood und ein Gnäggebrood. Iich hob scho gmaand, iich hob mi in der Adress verdou ghabd und bin ba der Bäcker-Innung aff anner Brood-Probe.

Obber nou hodd scho suu a Sommelier – hodd der ghassn, und soong hommer zu ihn mäin: »Herr Maitre« – hodd der Herr Maitre also sei silberns Esbresso-Lefferla rauszuung, 0,2 Millilidder 99er Juliusspital Riesling Kabinett trocken Steilhang Südlage naturnaher Anbau handgelesen Echtkork – hodder neischäißn loun in sein Lefferla, durch sei schbidzigs Göschla gschuum, die Aung derbei zougmachd, in Hals schlagardich nach hindn abfalln loun, gurgld, numol gurgld. Woohrscheins hodder si Fräih die Zähn nedd budzd ghabd. Und nou hodd der den Wein widder rausgschbodzd. In hohen Boong.

Iiich hob unsern Herrn Maitre nerdirli glei gfrouchd, obs nern nedd goud is. Odder ob der Wein wos hodd. An glann Schdich evendwell, odder dasser korkld. Obber: Des mid den Rausschbodzn – des gherrd asuu, hobbi gmergd. Wall mir hom nern alle widder rausschbodzn mäin. Woohrscheinli, dass fiirs nexde Schdiggla Brod widder Bladz is.

Und wissen S', wos der underfränkische Weidschbodz-masder nou gsachd hodd? Dou kummer Sie vo allaans nie draff. Mir, mir soocherdsn nachn zwelfdn Schobbn vielleichd: »Brorch, der läffd widder ganz schäi no haid, brorch!« Obber der Herr Maitre dou hodd in sein indressandn Vuurdrooch iibern Wein, hodder gsachd – obachd, ich zidiere einichermaßn wördlich: »Ein frischer, knackiger Riesling mit zartgelber Farbe – und jugendlich grünen Reflexen. In der Nase (mir saufn normool immer mid der Goschn), in der Nase zeigen sich Düfte von reifen Äpfeln, Pfirsichen und exotischen Früchten (Hobbi scho lang vermuuded, dass der Wein nimmer aus Weindraum gmachd wird). Am Gaumen ist der Wein wunderbar balanciert (Kennd woohrscheinli im Zirkus aufdreedn) mit fruchtigem Geschmack und erfrischender Säure. Eine mineralische Note im Nachhall deutet auf seine Herkunft – auf die muschelkalkhaltigen Weinberglagen Frankens.«

Hom Sie edzer scho amol jugendliche Reflexe in Ihrn Schobbn Escherndorfer Lump gseeng? Odder einen Nachhall? Unser Herr Maitre mid sein silberner Lefferla scho. Obber es is dann doch nu ganz schäi worn ba unserer Weinprobe. Nach a boor Laib Zweibfünder Nuschlbercher Bauernbrod, Pyrbaumer Holzofnbrod und a boor aldbaggne Weckla hommer nou unsere verschiedenen superben Kreszenzen (suu soongs zum Wein in Underfrankn), hommer läiber schdadds ausn Esbressolefferla läiber doch aus an richdichn Glas drunkn.

Suu geecher Middernachd hodd anner vo däi Wein-Exberdn an Lidder aff ex gsuffn, es Frankn-Lied rüggwärds gsunger und glalld, dass der Wein irchndwäi feuerfesd, guud bichend, an Balthasar Neumann gemahnend, zemendhaldich schmeggd, fiir den underfränkischn

Hausbau durchaus geeignet. A anderer hodd sei Urdeil iibern Wein mid den Worden gefälld: »Schbridzich, drobfend, zard durchsichdich, emsich, ameisenardich gribbelnd, feuchd.« Der is irrdümlich am Wasserhahner droo ghängd. Und mir bersönlich is nocherdla unser Herr Maitre, der Ober-Sommelier, vuurkummer wäi a bissala abgehoben, schwerfüßig, vollkobfich, dadaistische Gedichte rezitierend, in tiefer Schräglage kriechend. Also ganz normal bsuffn.

Und wäi er neber mir undern Diisch noogrudschd is, hodder – auch gud hörbar   eincn zimmlich dumbfn Nachhall ghabd. Ob der Nachhall obber sein Urschbrung in den muschelkalkhaldichn Weinberglagen Frankens ghabd hodd, des mecherd i bezweifln. Mir is mehr vuurkummer, wäi wenner direggd ausn Oorsch kummer wär.

Die Wildpinkler

Momentan is ja nix Weltbewegendes, odder? A bissala a Konflikt in der Ukraine, efendwell a glanner Weltkrieg, nou aweng Flüchtling-Dredzerlens, a bissala a Durchannander dou drund in den Iran odder Irak odder Türkei, wo a boor Nationalspieler vo den Ding, vo den Islamischen Staat, es Köpfen dräniern, nou nu den Ebola, suu a Art Mumbs-Ebidemie. Also konnsd soong, im Großn und Ganzn nix, wos uns aufreeng mäißerd.

Ja, halt! Häddi edzer ball vergessn! Wos ganz Gravierendes, wo die Wellen der Erregung edzer widder hochschlagen. Und zwar buchstäblich. Weechern Wildpinkeln

in der Stadt. Des is ja vurigs Jahr scho der große Aufree-
cher gween. Des hodd mer ja nicht ahnen können, dass
suwos gibt: Laid, wo im Freien der Schamlosigkeit und
der unerlaubten Weit-Düngung Huusertürla und Tor
öffnen und mit ihrn Charisma dou drinner, also mit ihrer
Ausstrahlungskraft, die nicht notdürftige Bevölkerung in
Todesangst und Schrecken versetzen. Sin ja aa oft Nicht-
schwimmer unter die Passanten, nä.

Ja, und edzer im Summer hommer des Problem wid-
der ghabt. Die Wärm treibt die Laid in die Werzhaiser,
in die Biergärddla, und bläiderweis jeedsmool, wennsd
nach fünf, sechs Seidla aff dein Spei-Phone die Meldung
vo dahamm rei gräigsd »Die Fleischkichla verbrenner
ball am Herd! Wo bleibsdn widder?!«, und du machst di
aff die Baaner, hammwärds, bzw. machsd die aff die Knie,
je nachdem, und bist bereits an Kilometer vom Werz-
haus-Abort entfernt – genau in den Moment maansd du,
dei Blasen is a Heißwasserballong, korzz bevuurs nern
zerreißt. Und dann nerdirli: Es nexde Hauseck oovisiern
und Public Brunsing.

Ob in Närmberch, Erlangen, Schwabach, Färdd,
Bamberch – iiberool es gleiche Problem. In Närmberch
homs vurigs Jahr sugoor eine private Pinkl-Polizei aaf-
gschdelld. Benannt nach einer Stadt in Norddeutschland:
Bruns-Büttl. Hodd obber nix gnidzd. Ner ja, wall asuu a
Huuserdiirla-Wachtl, wenn der einen Wildpinkler auf-
gschbürt hodd, middn Nachtsichtgerät, den Moo an der
Schulter baggd und die Personalien feststelln hodd wolln,
nou hodd si der in flagranti ertappte Urinator nerdirli
befehlsgemäß rumdreht. Höflich wäi er is. Obber leider
sein Flagranti nedd abschdelln kenner. Dou kummd
keine Freude auf, wenn dich, praktisch als Amtsperson,
ein Wildpinkler mit anner Hauswänd verwechslt.

Und dann is in Närmberch ja nu es Problem: zu wenich öffentliche Sprinkler-Anloong. A Freind vo mir, scho aweng in den Alter, wo wenich mehr läffd, außern Abwasserhahn nerdirli – also der leechd sei Route, wenner ins Werzhaus geht, immer nachn Internet fest. Wo er seine Stützpunkte find. Echt woohr! In den Internet gibt's eine Website *www.gratispinkeln.de*. Dou konnsd nouchschauer, wo mer in der Stadt ummersunsd und in geschlossenen Räumen ummernander blädschern konn. Unbehelligt vo der Melk-Miliz.

Wenn's wen indressierd: Die bcstcn Entleer-Stellen sin gemäß in Internet in Närmberch der Kaufhof, die Buchhandlung Thalia und der Breuninger. Bam Breuninger konnsd sugoor bei einschmeichelnder Musik ausn Lautsprecher abschüddln. Siggsd amol, wos für ein Segen es Internet is.

Und wall i grood vo ältere Männer gred hob: Sin neili, an ann vo die ledzdn warmer Dooch, sin zwaa Alte vom Schlenkerla hammgwaggld. Homs in ihrn Dambers gsachd: »Edzer mach mer amol ein Wettpinkeln, wer am weitesten kummd.« Knurrt aff aamol der anne: »Scheiße, edzer hobbi mer aff die Schouh binkld!« Sachd der ander: »Hosd gwunner.«

Rohe Gniedla, selbergschrubbt

Suu vo Zeid zu Zeid hobbi Eich ja immer a wcng wos iiber fränkische Schbezialidäädn und Moong-Drädzerla derzilld. Zum Beischbill iibern Schbargl ausn

Gnoblauchsland, die Aischgründer Karbfn odder raus-
baggne Hollerschdraibla. A schäins fränkisches Gerichd,
wous der die Schouh auszäichd und die Aung rausdriggd,
is aa es Närmbercher Amdsgerichd – obber haid amol aus-
nahmsweis a fränkisches Kochrezept iiber eine fränkische
Beilage, däi wous fräihers jeedn Sunndooch geem hodd
und däi wou heizerdooch braggdisch zum Ausschderm
verurdeild is: nemli die roha Gniidla.

Nerdirli gräichd mer in jeedn zammgschlamberdn
Werzhaus zon Schaifala, zon Schweinebroodn odder zon
Dennisschbilln sogenannde rohe Glees. Obber des sind
hexdns abgeschmaggde Abziehbildla vo richdiche rohe
Gniidla. Däi Chemie-Bomber sind auserm ferddichn
Gloos-Deich, sin schnäiweiß, wäi wenns ihne grood
schlechd werd, und schmeggn wäi a auszullder Kau-
gummi – nemli nach ibberhabbs nix. Richdiche rohe
Gniidla dergeeng sin heizerdooch seldn wäi Schdaabilz
und eine echde Schbezialidääd. Scho allaans vo der
Schbrouch her: In der Einzahl sachd mer »das Glöös«
und in der Mehrzahl »däi Gniidla«.

Zum Anferdichn vo die Gniidla brauchd mehr im
Grund gnummer nerblous Kaddofffln – oder Bodaggn,
wäi mer ba uns in der Vorschdadd sachd. Aa Driddl der-
foo werd kochd und wäi a Schdobfer gschdampfd, und
die andern zwaa Driddl – däi hodd der Daifl gseeng, wall
däi mäin middi Hend iibers Reibeisn gschrubbd wern.
Bis zum ledzdn Fidzerla, und es mouß masdns, walls a
kerberliche Ärwerd is, vom Moo gmachd wern. Familien,
wous nu echde rohe Gniidla gibd, erkennd mer dou droo,
dass der Vadder kanne Fingerkobbn mehr hodd.

Also numol zum Miidschreim: aa Driddl kochde
Bodaggn, zwaa Driddl rohe Bodaggn griim, und die
Griimner wern nou innern Kaddofflsäggla ausdriggd,

bis ka Bräih mehr rausleffd und in Vadder vuur lauder Zammdriggn ewendwell a Glanner auskummd. Dou machd mer nou am besdn erschd amol es Kichnfensder aaf. Nou wern die kochdn und die griimner Bodaggn gmischd, gsalzn, an Daumer vull Meerreddichhilfe driibergschdraid, sunsd werns schwarzz wäi die Nachd, a weng a haase Milch nei, des wos undn in der Schissl vo der Bräih iibribliim is driiber, und des Ganze derf nou nedd zu hardd, obber aa nedd zu waach sei. Wennsi der Daach suu oofässd wäi a Lebberi, nou isser genau richdich. Aus den Lebberi wern nou die Gniidla schäi rund midder Händ grolld, a Glöösbrot odder Breggerla inner nei und ins kocherde Salzwasser gschmissn. Je gräißer die Händ, desdo gräißer die Gniidla. Nach zwanzg Minuddn sins ferddich. Und wenns nou am Deller aafgmachd dorddn liing, bridscherbraad in der Soaß drinner schwimmer, derneem es erschde Herbstgänsla lichd und der Sellerie und der Feldsalat – also dou konni dann fei aff frische Ausdern odder banierde Zucchini ganz schäi verzichdn.

Xundheit!

In der Sauna

Iich hob däi Dooch widder amol wos fiir mei Gsundheit dou. Im Keller. Ganz fräihers hod mer im Keller die Kulln glaacherd. Wäi die Kulln dann abgschaffd worn sin, is ausn Kullnkeller ein Bierkeller worn, der berühmte Party-Raum. In jeder Lebensgemeinschaft kummd dann nerdirli der Dooch, wou es Bier auch abgschaffd wird, und in den Bierkeller zäichd dann die Wellness ei. Also eine Sauna.

Iich bin in der Entwicklung nunni ganz suu weit, obber unsere Nachbarn hom si edzer suu a Schwitz-kisdla in ihrn Keller neibauer loun. Homs uns aff ein Dampfplauderschdindla eigloodn. Wall grood edzer in Spätherbst, wou jeedn Fräih dei Ruuzglöggla scho Alarm laid, dou gibds nix Bessers geecher eine Erkäldung, hod der Nachber gsachd, wäi jeedn Dooch einen Saunagang. Hobbi fei zeerschd nedd gwissd, ob i dou niiber soll in denni ihr Sauna. Naggerd mid der ganzn Nachber-schafd in suu anner glann Hulzbuudn drinner, aff engsdn Raum – mer kennd ja däi Laid normool blouß oozuung, nä. Wer wass, wos däi amend wolln vo ann. Und eng und gscheid haaß is im Summer ja zum Beischbill aa in der Schdrasserboo – dou fährd mer doch aa nedd naggerd in die Ärwerd, odder?

Obber wenns gar suu gsund is, hobbi mer dengd, gäisd hald niiber. Hobbi obber a Boodhuusn miidgnum-mer. Und a Sunnerbrilln, dass mi kanns kennd. Hod die Nachbari gsachd, dassi aa a Bulzermärddlmaskn aaf-sedzn konn, wenn i suu schenant bin. Suu a Gschmarri: A Bulzermärddlmaskn schdadds anner Boodhuusn, wäi schaudn des aus. Obber der Nachber hod gsachd, i brauch mi nedd maskiern – mir sin alle naggerd, und in Finn-land in der Sauna, dou denkt si ka Mensch wos derbei. Ja, guud, in Finnland – dou kennd mi hald aa kanns. Also, iich hob mi nou iiberreedn loun und bin in däi Sauna aasuu nei, ohne Bulzermärddlmaskn, Sunnerbrilln und Boodhuusn.

Und iich mouß soong: Is scho einmalich, suu a finnische Sauna. Ungefähr ba 90 Grad hod der Nachber aff sein Sauna-Uufn einen Aufguss gmachd. Des hod der vielleichd zischd und dambfd! Und in den Nebl, wou dou aufkummer is, hobbi nix mehr gseeng – und hob mi ausverseeng aff däi Kulln vo den Sauna-Iiferla draffghoggd. Wäi si der Neebl widder a weng gleechd hodd, hod der Nachber gsachd, dass nern mei Hintern deilweise anner verbrennds Fleischkichla erinnert. Wenn i nedd suu Schmerzn ghabd hädd, hädd i vielleichd aa gscheid lachn mäin. Iich hob mi dann affn Bauch gleechd zum Schwidzn.

Und direggd vuur mir is die Scheuerlein vo geengiiber gleeng. Auch affn Bauch. Und aff der Bänk under mir die Lohmeieri. Ja, wou schausd nern edzer dou hii?! Schausd nedd hii, hassds glei, du bist unhöflich. Schausd hii, hassds am andern Dooch im ganzn Värddl, du bist blouß zum Hiischauer in die Sauna ganger. Iich hob nou ganz angschdrengd meine Schweißberln zougschaud, wäis aff die Lohmeieri runderdrobfd sin. Däi hod mi dann gfrouchd, ob i mid Birknzweichla ausbeidschd wern will. Hobbi mer denkd »Ner edzer werds Dooch, däi lassn scho goornix aus.« Obber si hod mer nou erglääd, dass mer des in Finnland aa suu machd. Dou mouß zougäih in den Finnland!

Korzz vuurn Ausbeidschn hommer bereits 120 Grad ghabd, und es is widder ein Aufguss kummer. Moußder amol vuurschdelln: 120 Grad Oberhitze und a Aufguss! Ner ja, des is goornedd suu verkehrt, wall edzer wassi ungefähr, wäis um däi Zeit einer Martinigans in der Backröhrn drinner gäid. Und abroboo Martini-Gänsla – die Beiloong hodds in der Sauna ja auch derzou geem: Wousd hiigschaud hosd – iiberool Gniedla. Allerdings häddn die masdn eine Knödelhilfe brauchd.

Und gsund woor die Sauna ba die Nachbern auch – bereits am Hammweech hobbi gscheid niesn mäin. »Niesen«, hassd ein finnisches Sprichwort, »Niesen is der Orgasmus der älteren Sauna-Generation«. Xundheit!

Fasten bis der Oorsch bellt

Gut, dassi edzer a boor Dooch Urlaub gmachd hob. Middn Fliecher. Sunsd häddi woohrscheins widder die wichdigsde Zeit vom Joahr verschloufn: die Entfernung vo unserer Grisdbaumkugel am Huuserbund, vo der Winterwambn, also korzz gsachd: Schlankheitskur, Fastenzeit.

Gottseidank hod extra korzz vuurn Abfluuch über mir numol des Hinweisschildla in der Maschiner aufgleuchd: »Fasten your Seatbelt«. Also aff Deidsch: Fasten bis der Oorsch bellt, hassd des, glaab i.

Morng fang i oo. Odder übermorng. Odder nexd Wochn.

Ner ja, suu eimbfach is des nedd, wäi mancher maand. Dou konnsd du dich über die sämtlichen Feierdaach vo November bis Fasching ermahnen, wäisd mogsd und dir dauernd eischärfn: »Fettauge, sei wachsam!« Des nidzd nix. Goons, Karbfn, Entn, Gniedla, Blädzla, Schdolln, Lebkoung, Bier, Schnäbsla, Glühwein – auch wennsders ganz schnell nooschluggsd, des Zeich häld si im Körper wäi ein Zeck. Und gäihd nou aaf wäi a Hefergniedla, so dassd trotz deiner mehr oder wenicher lichten Gesamthöhe vonnern Meter sechzig in der Schwergewichtsklasse boxn mäißersd. Wennsdi nu einigermaßn beweeng kennsd.

Ja, dou machd si doch ein Flüchtling aus Syrien oder Afrika ibberhabbs kann Begriff dervoo, wos mir für buchstäblich gravierende Probleme momentan ba uns hom. Mit dera Frühlings-Diät. Gut, mir kenndn zwaa Wochn nach Syrien foohrn in Urlaub odder in die Sahelzone nach Afrika. Dou bisd deine hiigfressner zwanzg Kilo glei widder los. Obber kummsd ja momentan nedd hii in die Schlankheits-Kurländer, walls überall Grenzzäun aafzäing, teilweise sugoor mit Stachldraht.

Also bisd aff unsere Schlankheitskurn oogwiesn. Und dou gibt's Diäten, Freind, dou machst du dir keinen Begriff dervoo: Trennkost-Diät, Dukan-Diät, Weight-Badscher-Diät odder wäi die hassd, Atkins-Diät, OMG-Diät, TLC-Diät, LMAA-Diät, glaab i, gibt's aa, dann Diät mit Glauber-Salz beziehungsweise Diät mit einem Schüßler-Salz hassd des. Also Tausende vo Diäten.

Ba anner Diät, hobbi gleesn, dou gräigsd du in der Fräih a Schdamberla Gurgnsaft, 50 Milligramm Tofu und eine Möhre. Möhre? Hobbi ibberhabbs nedd gwissd, wos des is. Hobbi im Lexikon nouchschauer mäin – des is a Gelberruum. Moußder amol vuurschdelln: Zum Frühstück a rohe Gelberruum, und dernouch hubfsd wäi a Hoos in die Ärwerd, odder?

Widder a andere Diät, dou gibt's 7 Mahlzeiten am Dooch. Jeweils bestehend aus drei Löffel Sonnenblumenkörner, also bragdisch Voglfutter. Dou konnsd dernouch zwitschern und tirilieren, dass dei Frau oomds im Schlafzimmer sachd: »Edzer mergd mer, dass Frühling wird. Die Gimbl bfeifn.«

Dann hobbi a Diät gfundn, dou gibt's außer druggne, altbaggne Weggla nu fünfmal am Dooch Haferflockn. Also falls ders derbeißt: Semmlbrösl und Haferflockn – dou braugsd am Abort schdadds anner Klospülung an Staubsauger.

Nicht schlecht is auch eine Schlankheitskur, däi kummd aus Amerika und hassd Shred-Diät. Kummd vo Shreddern, also Abfallbeseitigung des für viel Geld hiigfressner Fettgewebes. Mit dera Shred-Diät, hobbi gleesn, dou hod ein scheint's zimmli leibhaftiger Ami fei tatsächlich in 5 Monat 45 Kilo abgnummer. Dou nimm edzer amol in neier Brässidend vo die Ami, in Trump. Der werd suwos 120 Kilo hoom. Wenn der an däi Shred Diät numol a Dreivärddljährla hiihängt – nou isser dou, wou er hiigherrd: Wech! Konnsd nern als Tod vo Forchheim in die Geisterbahn neischdelln.

Und iich, ich glaab, i mach ibberhabbs ka Schlankheitskur. Häigsdns die LMAA-Diät. Und unser momentan gravierendstes Problem – des sollns amol an der Grenz einem Flüchtling derzilln. Der kehrt sofort widder um. »Wall«, wird er si denkn, »bläid sins ba uns scho lang. Dou konn i dahamm bleim aa.«

Im Wartezimmer

Neili ba der Wühlmausbekämpfung in mein Vuurgärddla is ein Hexnschuss in mich neigfoohrn. Binni in gebückter Haltung zu mein Hausarzt vuurgloffn. Fräihers hosd an Zehner Braxisgebühr fiir die notleidenden Krankenkassen in Opferstock gschmissn, und nou nei ins Wartezimmer. Edzer is die Braxisgebühr abgschafft, warum, wassi nedd. Also gratis nei ins Wartezimmer. Hädd mi ball der Schlooch droffn! Zusätzlich zu mein Hexnschuss. Sin dou an die dreißg Laid in den Wartezimmer! Annern ganz normooln Freidooch nammidooch! Dou hock i ja mindesdens drei Stund dou – in gebückter Stellung mid mein Hexnschuss. Dou vergäid ja die Zeit nedd!

Obber es is nou doch nedd langweilich worn. Iich hob mi nunni richdich hiikniet ghabd mid mein Ischias, froochd mi scho neber mir die Frau eine ganz indressande Frooch. Und zwar: »No, simmer aa aweng bam Doggder?« Bevuur iich obber wahrheitsgemäß antworten hob kenner, dassi aa aweng bam Doggder bin, is scho weiterganger. Sie nimmt oo, hodds gsachd: Prostata. Wall iich kennd ungefähr im Alter vo ihrn Moo sei, der hodds aa mid der Prostata.

Bevuur i wos soong hob kenner, hodd obber scho aff der andern Seitn vo mir der Moo, der hodd mer seine zwaa Furunkl am Hals zeichd. Und dass mid seine Blutwerte wos nedd schdimmd. Und wos edzer iich fiir einen Gamma-GT-Wert hob. Und wäivill iich drink am Dooch. Und ob ich haid scho einen Stuhl ghabd hob? In den Momend hodd geengiiber a älterer Frau gschriea: »Mei Stuhl wird glei frei! Ich mäißerd ball drookummer.« Und dann hodds mi nu oobrülld, dassi nedd suu nuschln soll. Normool heerds scho guud, hodds gsachd, wall si hodd ihr Hörgerät drinner, obber vo den Hörgerät schdimmd wos mid der Badderie nedd. Iich hob obber zu den Hörgerät nix soong kenner, wall mei Nachbari nu mein HBA1c-Wert wissen hodd wolln, und gleichzeidich die Frau geengiiber dringend geraten hodd, dass mer mid suu an Kreislauf, wäi iich woohrscheins hob, vier Wochn nach Bad Rodach gäih soll. Odder Akupunktur. Obber Akupunktur – dou mouß mer droo glaubn, sunsd hilfds nedd.

Dou hodd die Dame middn Hörgerät gschriea, dass Glaubersalz ibberhabbs nix hilfd. Brennesslsud wär nedd schlechd. Und der Moo mid die zwaa Furunkl hodd mer nou sei neis Hüftgelenk zeichd, während die Nachberi a glanns Fläschla aus der Handdaschn raus hodd, und mich gfrouchd hodd, ob iich mei Fläschla aa derbei hobb. »Ohne frische Urinprobe«, hodds mer prophezeit, »braung S' goornedd nei zum Herrn Doggder.« Dann hobbi mei Zunger rausschdreckn solln – hodd die Frau middn kabuddn Hörgerät brülld, dass sie doch dou vuur die ganzn Laid nedd ihr Lunger rausschdreckd.

Den Moo mid die zwaa Furunkl und der neier Hüfdn, den sei Frau hodds auch im Graiz, hobbi nu erfoohrn, und des kummd obber vo ihrn rechdn Knie. Des strahlt nemli aus. Und es Knie, dou is die Ursache es schlechte Cholesterin. Sie derferd halt nedd suu fett essn. Und wäivill dass ich wiech. Sei Frau hodd 90 Kilo. Des is obber psychosomatisch.

Und dann is a Stimme ausn Lautsprecher kummer: »Frau *Bemmerlein*, bitte!« Hodd däi middn Hörgerät gschriea, wer dou ein *Hämmerlein* brauchd. Bis ihr nou der Moo neber ihr mid den houchn Blutdruck gsachd hodd, dass sie droo kummd, walls doch die Frau *Bemmerlein* is. Und nach fünf Minuddn bereits, in denni wou ein leichter grippaler Infekt grood an Vuurdrooch iibern Ultraschall ghaldn hodd, is die Frau Bemmerlein scho widder kummer. Es is alles in Ordnung, hodds brülld, ball hodds edzer auch widder einen Ultra-Schall. Wall sie leechd ihr Hörgerät immer in des Knabberschüssla am Küchnbüffet nei, und dou hodds scheinds haid fräih ausverseeng a Gummibärla in ihr Ohr neigschdeckd. Und edzer brauchds nerblouß nu affn nexdn Stuhlgang warddn, nou is ihr Hörgerät aa widder dou.

Zusammenfassend kommer soong: Für ein drei-stündiches Allgemeinmedizinstudium plus eine Allein-unterhalterin mit Ultra-Schall im Wartezimmer – dou sin 10 Euro Eintritt doch gschenkt. Häddns ruhig die Praxisgebühr weiter verlanger kenner.

Unterhaltung beim Zahnarzt

Es werd doch heizerdooch immer bemängld, dass die Laid nemmer middernander reedn, dass a jeder nerblouß nu vuur sein Fernseh hoggd, Kubfhörer iiber die Ohrn, Anrufbeandworder eigschaldn, Rolloo drundn, Händy aff Mailbox gschdelld, und wennsd jemand a Message hin-derlassn willsd, nou konnsd nern hexdns worldwide iibers Indernedd amol derwischn odder oofaxn. A Geschbräch vo Mund zu Ohr – nix mehr. Es sei denn, mer gäid amol widder zu sein Zahnarzd. Dou konnsd wos erleem, dou braugsd die nexdn vier Wochn ka Underhaldung mehr.

Iich hogg also däi Dooch in den elegdrischn Schduhl drinner, der Bohrer bfeifd, die fimbf Bfund Schnellbeddong sin scho oogrüürd, und die Schbrechschdundnhilfe reißd mer mid zwaa Händ die Goschn aaf, dass es Kinn im Hemmerdgroong gween is und die Schnoorn wäi a Schiibala Hoor aff der Schdirn. Und nou kummd der Herr Doggder rei und frouchd mi, wou dassi haier im Urlaub gween bin, wäi lang und wäi es Wedder woor. Hobbi gsachd: »Hing Hönhei, hähä Hoo, hunna heind.«

Des hodd hassn soll, dassi in Ösderreich woor, schäi is gween, und die Sunner hodd gscheind. Ja, soong Sie amol drei vollschdändiche Sädz mid vull aafgrissner Waffl – des sin der vielleichd Schmerzn. Und der Doggder hodd nu goornedd mid der Behandlung oogfangd ghabd. Nou homs mer nu fimbf suu Bresswaddeschdääb in die Baggn neigschuum, dass die Goschn nu weider offn gween is, der Doggder sedzd in Buhrer oo und frouchd mi, obs weh doud. Hobbi zum Zeichen des Schmerzes mein Arm houchheem wolln, obber dou is der Doggder draff ghoggd. Er is nou scho ganz ungeduldich worn und hodd widder gfrouchd: »Douds weh odder nedd!?« Hobbi befehlsgemäß geandworded: »A hihaha ho, Hä Honga.« Des hodd ghassn: »A bissala scho, Herr Doggder.«

Iich hob mer nou suu laud, wäis ner ganger is, hobbi mer dengd: endweder es Maul aafreißn bis zon Anschlooch odder a Andword geem – alles zwaa aff aamol gäid bam besdn Willn nedd. Blouß es Denkn verschdäid auch der besde Zahnarzd nedd. Und wäi er bis fasd zon Ellerbuung in mir drinner gween is und die Schbrechschdundnhilfe mid zwaa Händ an meiner Underlibbn drooghängd is, in den Momend hodder vo mir wissn wolln, wos iich edzer vom Markus Söder haldn dou. Die Schbrechschdundnhilfe hodds aa wissn wolln und hodd die Frooch iibern Minisderbressidend mid einen Schbruuz warmer Wasser direggd in mei Noosn naaf underschdrichn. Nou hobbi hald gsachd: »Hä Harchus Chuchala acheng Howeri haha.« Der Doggder hodd in Ellerbuung widder raus aus meiner Goschn und hat gsachd, dasser des ganz genau asuu sichd.

Wäi er mer die Füllungen neigschmierd hodd, is die Underhaldung aweng leichder gween. Dou hodder mer nerblouß Froong iiber die Exbordwirdschafd, iibers Bruddosozialbroduggd, iiber die Gendechnologie und die drohende Deflation gschdelld, wou iich mid »Ha« oder mid »Ha« andwordn hob kenner. Also mit »Ja« oder mit »Naa«. Obber dernouch is gnübblhard kummer. Bam Aafbuurn vonnern Eckzahn ganz hindn isser affn Nerv gschdoßn und sachd in den Moment zu mir »Kenner S' den scho?« und bevuur i »Ha« oder »Ha« hob soong kenner, erzilld der mir an Widz. Edzer lachn Sie amol iiber an Widz, den wous scho 250 Mool gheerd hom, wenn S' in Mund schberrangelweid aaf hom, vuur Schmerzn die Drääner roolaafn und in Zeicherfinger vo der Schbrechschdundnhilfe am Zäbfla im Hals drundn, dassd nedd wassd: sollsd schbeier odder in Zeicherfinger goor nooschluggn.

Wäi mer mid der Behandlung ferddi gween sin, hobbi nou gsachd: »Also, Herr Doggder, um numol aff Ihre ganzn Froong zriggzukummer …« In den Momend heer i ausn Behandlungsraum neemdroo: »Ho Hähähä Huchawa Nggg.« Woorer scho aus der Diir draußn und hodd si middn nexdn Baziend underhaldn.

Die Feste feiern bis zum Lallen

Unser Gaudiwürmla

Ja, Herrgozzkraizkiesldunnerwedder nu amol nei! Edzer gäihd des Kaschberla scho widder oo! Hommer erschd vurigs Joahr des Deooder ghabt. Mid der Fröhlichkeitspflicht in unserer alten völlig freien Reizstadt Närmberch. Um a Haar hädder nicht stattfindn kenner, der älteste Faschingszuuch der Welt. Ka Geld, kanne Sponsoren, ka Unterstützung vo der Stadtverwaltung. Und des im fränkischen Rio de Schaneero! Grood nu, dass in letzter Sekunde einen sogenannten Gaudiwurm zammbrachd hom. Mehra a Würmla.

Und vuur zwaa Joahr erschd hommer kann Faschingsprinz ghabt. Erschd wäi der Fasching scho ball rum gween is, homs nu an rauszuung. Woohrscheins isser zwangsvorgführt worn. Grood nu, dass der Last-Minute-Brinz die ledzdn Dooch vom Fasching nu notdürftig a weng in der Altstadt rumbrinzld hodd.

Und edzer gibts däi Dooch scho widder eine Attacke aff unsern wichdigsden Sinn in Franken, affn Frohsinn. Irchnd suu a Blog-Wart hodds in sein Facebook oder Twitter däi saubläide Frouch neidriggd: »Brauchen wir in Närmberch wirklich einen Faschingszug?« Ja, fraali braung mer an, du humorloser Gischbl! Wenn i di derwisch, nou schleif i di höchstpersönlich in die Erlanger Uni-Klinik. Dou gräigsd nou a kostnlose Zwerchfell-Transplantation, dassd aa amol wos zon Lachn hosd! Hirnheiner! *Brauchen wir in Närmberch wirklich einen Faschingszuuch?* Ner suu a Driefala! Der hod doch fiir miich a weng an nassn Houd aaf, odder wos! Woohrscheins hod der nu nie einen original Närmbercher Faschingszuuch in all seiner sinnenfrohen Pracht und Vielfalt erlebt, der Gaaferer. Im Fall, dass er edzer des lesn tut, der Gnaller, nou zähl i'n amol korzz die Höhepunkte auf vo unsern Faschingszuuch.

Dou hom mir vo der Bayreuther Schdrass bis nei zur Vordern Ledergass sogenannte Themenwagen. Zum Beischbill fährt dou ein Traktor. Es Thema is gloor: Traktor. Thema Traktor, ja, dou schüttelts uns Närmbercher durch vuur lauter Lachn. Odder vuur Kält. Odder du schaltst dein Lachsack ei, der wo ja bekanntlich aa in Närmberch erfundn worn is. Und dou is der Lachsack middn Lachn nu goor nunni ferddich – scho widder der nächste Themenwagen: a nagelneier Audi A12, Thema: Audi A12. Also dass mern kaafn solln, wemmer eines fernen Tages amol 90 000 Euro übrich hom.

Als Nächstes zur Abwechslung amol a Traktor – mit Anhänger. Aff den Anhänger is die Husdnbombom-Flak stationiert. Ba den Scheißwetter nicht schlecht, wenn Husdnbombom in die Zuschauer neigschossn wern. Und auch weechern Humor. Wos maandsdn, wäi mir dou grood nausbrülln vuur Lachn, wenns in Nachber neber dir an Bombom aff die Brilln draff gnalln, dass es Glas in 1 000 Splitter dervoo fläichd. Konner am Rosnmondooch zum Optiker gäih, als einäugicher Pirat.

Vurigs Joahr homs an Moo neber mir a Abflsiner vull ins Gfries neigschmissn, dass nern nou der frischbressde Orangensaft wäi a Ruuzgleggla die Noosn roogloffn is. Dou hobbi ball nu mehra lachn mäin wäi über die Haffdn Bolli, däi wo im Faschingszuuch miidgloffn sin. Als Bolli verkleidet. Und jede Menge Ordner, däi wo als Ordner maskiert woorn.

Obber des is ja nu lang nunni alles bam Närmbercher Faschingszuuch. Dou hom mir nu Brinzlgarde, wo Ski-Gymnastik vuurführn, Furunklmariechen, Luftballong, Kombfetti. Und wenn nou die ledzdn als Bolli maskierdn

145

Bolli an dir nu einichermaßn im Gleichschritt vor-
beidaumln, nou kummd der Höhepunkt vom Närmber-
cher Fachingszuuch – es Zuuch-Ende. Dernouch gem-
mer ins nexde Werzhaus, Husdnbombom nooschbülln,
dass mer in der Nacht scho widder lachn mäin. Und zwar
Breggerla.

Also: Finger wech vom Närmbercher Faschingszuuch!
Die Finger braung mer fiir wos Bessers. Am besdn zum
In-Hals-nei-schdeckn.

Auf die Kärwa in Uniform

Sie, mir hom däi Dooch affs Närmbercher Altstadtfest
gwolld. Und efendwell zwaa Dooch schbeeder noo nach
Münchn affs Oktoberfest. Und für nexd Wochn hobbi
ba meiner vorgesetzten Vergnügungswartin dahamm
beantragt ghabd: mit der U-Bahn aff die Färdder Kärwa.

Hobbi als Erschdes obber amol Ausgehuniform-Appell
ghabt ba meiner Frau. Und edzer is alles drei gschdrichn
worn. Nedd amol aff die Uttenreuther Kärwa derfi gäih.
»Suu, wäis du ausschausd«, hod mei Frau gsachd, »dou
lässd dich die Security in kann Bierzelt mehr nei ba uns.«
Und dou dermiid woor die Diskussion auch scho beendet.
Wenn i wissen will, wäi mer si haizerdooch kärwa-outfit-
mäßich oozäichd, nou soll i am Närmbercher Altstadtfest
vo allerweitn amol neischauer in däi Press-Spanhütten
mit Plastik-Fachwerk aff der Insel Schütt.

Hobbi nou gmachd. Und oozuung, wos i immer
oozäich, wenn wo der Zapfhahn kräht: Hemmerd, Hoch-

wasserhuusn, Schdrimbf, Schouh, Kiddl und a Dubber-
schüssl, falls vom Nachber sein Schaifala wos übrich
bleibt. Obber dassis glei sooch: Neikummer innern suu
an Altstadtfest-Hennerschdall binni nou nedd. Bezie-
hungsweise, ich hob mi goornedd neitraut. I bin mer
vuurkummer wäi die männliche Ausgab vom Aschn-
buddl. Wäi däi Laid aff anner ganz normooln Kärwa
ba uns aafbreezld sin und ornamentiert und maskiert!
Geecher däi sin die echtn gschmücktn Rimbfiecher baran
Almabtrieb a Dreeg dergeeng! Ich hob gmaand, ich bin
affern Faschingsball vom Trachtenverein Oberland 1894
Hinterschlupfing e. V.!
Hod mich glei am Anfang vom Altstadtfest a suu a
oberbayerischer Kouhmelker, der Schbrouch nouch aus
Ostwestfalen, hodder mi gfrouchd, ob ich noch nichts
von Country-Fashion gehört habe, von Loden, Leder und
Landhaus-Label. Wenn nicht, dann möge ich ihn anku-
cken. Hobbin ankekuckt, also oogschaut vo oomer bis
undn, häddi ball an Schreigrambf gräichd. Aff sein Gnied-
laskubf an Tiroler Houd, fünf Nummern zer glaa, an den
gräiner Häidla an Rasicrbinsl hiibundn, iibern Houd die
Sunnerbrilln aff Halberzwölfer gschdelld, ein Trachten-
T-Shirt, wou draffdruggd gween is »Ich bin so schön, ich
bin so toll, ich bin der Anton aus Tiroll«, dann als Schouh
suu Kanalschiffla, er hod gsachd, es dreht si dou derbei
um Haferlschuhe aus original Miesbacher Rindsleder von
glücklichen Rindviechern. Also häddns däi Schouh auch
aus seiner Haut rausschneidn kenner. Und ich hob nern
nou gfrouchd, wos er dou Selbergschdriggds an die Baa
rumbambln hodd. Hodder gsachd, es handle sich hier-
bei um handgewalkte Waddell-Strümpfe. Wadlschdrümbf
hodder gmaand, dass des sin, seine Grambfadernschützer.
Und däi sinnern ummernanderschlaggerd, konn i Ihner

soong, dass i'm graten hob, er soll si zu seine Waddell-Strümpfe nu weißblaue Strapse kaafn. Nou konner si als jodelnde Stripperin in der Travestie-Show im Barradies in der Südstadt meldn.

Und dann nu die Huusn. Die Huusn! Ich konns Ihner soong! Original südfinnisches Elchleder, bis fast noo zu seine Waddell-Strümpfe, gräigsd in München in jeden Sado-Maso-Loodn füir 1 250 Euro nouchgschmissn. Und nerdirli vorna als Huuserdiirla die original-Ladeklappe – ohne Notausgang, wennsd die Gnöbf nedd aufbringst – und a handgesticktes Schbrüchla am Huusnladz draff: »Oozabfd is«. An original Gamsbart hodder si aa nu wachsn loun, a Art Salafisten-Madradzn – hobbi mer denkt, naa: Bevuur i ausschau wäi der Bayern-Subber-Star Ribery am Münchner Rathaus-Balkon ba der soundsovielten Meisterschaftsfeier, dou trink i mei Kärwabier läiber bam Rewe am Stehtischla. Ganz normool oozuung. Und ummer Fuchzgerla die Doosn Bier. Und ibberhabbs, wennsd du ein Fußballanhänger bisd ba uns – nou sollersd momentan affer Kärwa ganz in Schwarz gäih, und dou dann ganz groß draffdruggd: »Ich bin so blöd, ich bin so doof, ich bin a Club-Fan aus Schafhof …«

Komasäufzer

Leider is ja scho widder rum, die Erlanger Bergkirch-weih. Wieder ein sehr beschauliches Fest gween, ruhig, besinnlich, friedlich, harmonisch und suu weiter. Endlich widder wos, wo mer a weng in sich geh hod kenner. Middn Zeigefinger in Hals nei.

Obber trotz dera Beschaulichkeit ba der Berg-Kärwa hod die Polizei däi Dooch bekannt geem, es wär vereinzelt zu einem sogenannten Koma-Saufn kummer. Schdelln S' Ihner vuur: Koma-Saufn! Und dann aa nu ba jugendliche Kirchweihbesucher. Koma-Saufn – ja, des hodds doch fräihers nedd geem, odder?!

Ich maan, gut, amol a Zwanzger-Fässla Festbier zu zweit neilaafn loun, an Aamer Waldmeister-Bowle, fuchzeha Himbi am Stück iibern Gnorbl eischießn, an Liter Cola-Asbach geechern Dorschd, Dopplbock-, Russn-, Laterna- odder Bumbermoußn, ungefähr in dera Reihenfolge, hinderanander neibfeifn. Gut, in Ordnung. A bissla Frohsinn im Dunkel des Lebens, der Kubf a Glühbirn, die Goschn eine Art Vesuv, wo die Lava nou widder ins Freie drängt, hint in der Huusn a Bierschießgwehr mit Echo-Effekt – solche glann Farbtupfer in der Eintönigkeit vo unsern grauen Alltag hommer damals dann und wann, obber allerhäigsdns fünf-, sechsmal in der Wochn scho ganz gern ghabt.

Obber um Godzwilln doch ka Koma-Saufn. Mir hom doch damals in der guten, alten Zeit goornedd gwissd, wos des is, ein Koma. Und dass mer des saufn konn. Dou hosd du doch läiber aff ganz normale Belustigungsmittel zurückgriffn: Sechsämtertropfn – Fichtelgebirgs-Whisky hod der ghassn –, Streitberger Bitter, Wodka-Feige, 80-brozendicher Stroh-Rum, Willi, Zwetschger, a Kirschwässala aus Gräfenberg, Humbser, Grüner, Zeltner, Schlenkerla, Patrizier odder wenn's houch kummer is amol siem, acht Tucher.

Und der tiefere Sinn vonnern Werzhaus odder an Bierzelt, des is nicht der Algerhol odder goor es Koma gween. Damals, dou hosdi ja nunni mid dein Smart-Phone unterhaltn kenner, damals is der tiefere Sinn vonnern

Werzhausbesuch es Gespräch gween. Direggd philosophisch, kommer soong. Philosophisch dahingehend, dass mer schdadds zu sein Smart-Phone in sei Bierglas neiblauderd hodd, philosophisch: »Phil gäihd haid nimmer nei, obber phielleichd bress i mer doch nu anns iibern Gnorbl. Philmehr zwaa. Odder drei.«

Des woorn die Zeitn, wo der Stössels Günter gern amol zu seiner Glambfn griffn hodd, wenns grood vorbeigfluung kummer is, und nou sei berühmtes Seidl-Bast-Lied gsunger: A Seidl bassd nu nei.

Und wenn uns a Bolli ooghaldn hod und gfrouchd, ob mir wos drunkn hom, dou bisd du erschd goornedd ausn Auto ausgstieg – wall sunsd hädds di nach zwölf Bier und a boor Schnäpsla efendwell aff die Schdrass hiibrettert. Also bisd schäi sidzn bliem im Auto und hosd aus den Seitenfensterla vom VW-Käfer aff die Frouch, ob mer wos drunkn hodd, zu den Bolli gsachd: »Nedd suvill wäi du, Charly, alte Sumbfhenner. Da hosd mein Rest Entlaller-Dableddn.« Und nou is mer weitergfoohrn. Ins nexde Werzhaus.

Also, wos i soong will: Gestern is in Närmberch es fränkische Bierfest ooganger, haid is Grog im Park odder wäi des hassd, die Keller in der Fränkischn hom alle aaf, nou kummd ball es Annafest, Kunigundn-Fest, Sandkärwa, Kulmbacher Bierwochn, Tausende vo Kirchweihen, Schützenfeste, Feierwehrfeste, Bürgerfeste, Altstadtfeste, Tag der offenen Schnapsbrennereien, Volksfeste, am Schluss die Färdder Kärwa. Und ba suu an Angebot, des wo mir Erwachsene für Jugendliche machen, dou brauch i dann doch nedd aa nu a Koma saufn. Odder?

Ziemlich runde Geburtstage

Also mit wos des haier zammghängt is, is mer a Rätsel. Die haffdn rundn Geburtsdääch, wou ich eigloodn gween bin. Ball alle zwaa Wochn a sogenannter runder Gebozzdooch. Ibberhabbs mecherdi amol wissn, warum dass runde Gebozzdooch suu granatenartig gfeiert wern. Mir kennd ja zum Beispiel auch unrunde Gebozzdooch feiern. Odder Gebozzdooche mit Primzahln, also in 53. Gebozzdooch, in 61., 71., 97. und suu weiter. Kennd mer doch aa machn. Gut, mit Schnapszahlen werds scho schwiericher, dou is die ersde in unsern Zahlnsystem, glaab i, is 111. Kummd eher selten vuur a 111. Gebozzdooch.

Also warum mir ausgrechnd runde Gebozzdooch zelebriern, des wass i aa nedd. Und ob des a Vergnüüng is, affern rundn Gebozzdooch eigloodn wern, ich wass nedd. Masdns werd ja heizerdooch a Geld gschenkt. Zoohlsd nicht selten an Fuchzger Eintritt und gräigsd nou derfür a lauwarme Kardofflsubbn, und bis der die warm grührd hosd, is es Büffet leer graamd. Obber wos mir wergli gfälld an solche Feierlichkeiten: Du triffst amol widder Laid, alte Freind odder Verwandtschaft, wousd scho Jahrzehnte nimmer gseeng hosd. Und mir konn si aweng über alte Zeitn unterhaltn.

Vuur zwaa Wochn woor i erschd widder eigloodn. Bam 70. vom Lobenhofer. Hobbi suu gut wie kann kennd vo däi 120 Gäste und Gästinnen. Obber wäis der Zufall will, bin ich direkt neebern Haberzettls Heinzi ghockt. Mir sin mitnander in der Volksschul gween, bamm Glubb hommer alle zwaa Handball gschbilld. »Bressack« hommer zum Heinzi gsachd, waller aweng schwabblerd gween is und sei Vadder a Metzgerei ghabt hodd. Ball 40 Jahr hommer si nimmer gseeng.

»Ja, Bressack, alde Schwarddn«, hobbin begrüßt, »wass-
ders nu, wäi damals dei Vadder …« Nou hodd neber mir
a Frau zischd, ich soll ruhich sei, der Jubilar häld a Red.
Der Jubilar hodd nou ungefähr a Stund lang alle einzeln
begrüßt, jeweils immer middern glann Lebenslauf. Is uns
der Oorsch scho aweng belzich worn. Und wäi er fer-
ddich gween is, hobbi mi middn Heinzi, middn Bressack,
widder weiter unterhaltn: »Wassders nu, wäi dei Vadder
amol däi Sau schlachtn hodd wolln …« Hodds widder
ghassn: »Ruhe, Silentium, a Lied vo die Enkerla!« Hom
nou fünf Kinder a capella suu an Art Sprechgesang auf-
gführt: »Lieber Opa Hambf, es is kein Grambf, mir win-
schen Dir zum Wiegenfeste, nur das Allerallerbeste« und
suu weiter, a halbs Stindla lang ungefähr.

Ja und nou hommer widder weitergred, der Bressack
und iich. »Und dann is die Sau …«, hobbi gsachd. Obber
mehr hobbi nedd soong kenner, wall nou is der Ober-
zumbflsbacher Spielmannszuuch drookummer middn
fränkischn Destilier-Marsch, dernouch ein bestattungs-
amtlich zugelassener Witz-Erzähler, dann der Vuurstand
vo die Hasengoogerer mit anner 45-minütigen Red.
Dann numol der runde Jubilar, waller a boor Gäste ba
seiner Begrüßung vergessn ghabd hodd. Dernouch eine
Bauchtänzerin, numol ganz korz der Spielmannszuuch,
der Chor vo der unfreiwillichn Feierwehr, anschließend
verhältnismäßich warmes Büffet, vuurn Dessert a halb-
stündiger Film, wou mer in Lobenhofer nackert gseeng
hodd affern Borzellan-Bodschamber, wäi er annerhalb
Jahr alt woor.

Und des woor nou scho weit nach Mitternacht, wäi
der Haberzettl nou nach anner Einlage vo anner Limbo-
Tänzerin gfrouchd hodd, wos ich vuuring, vuur fünf
Stund, soong hob wolln, weecher dera Sau damals und

sein Vadder. Und nou hobbis vergessn ghabd, wos i soong hob wolln. »Red mer in fünf Jahr weiter«, hobbi ba der Verabschiedung zu ihn gsachd, »dou seeng mer si widder, am Lobenhofer sein 75.«

Grismäs

Höflichkeitskurs am Christkindlesmarkt

Sie, ich kommer nedd helfn: Irchndwie kummd mir unser original Närmbercher Grisdkindlersmarkt befremdlich vuur. Also ich fühl mi dou nicht mehr suu richdich dahamm. Und däi Dooch hobbi aa in der Zeitung gleesn, warum: Weecher den Freundlichkeits-Studium, des wo unsere Glühweintandler und Bratworschdbrater und Zwetschgermännlaverkaifer jeeds Joahr a boor Wochn vuur der Eröffnung absolviern mäin.

Ja, wall, wäi dou drund am Hauptmarkt vuur Jahren nu a ganz normaler mittelfränkischer Umgangston vuurgherrscht hodd, dou bist du zum Beischbill anner Bratworschdbuudn hii, hosd durch die Rauchschwaden durchbrüllt »Drei im Weggla, Masder!«, und wäi von Geisterhand hodder nou wer ungefähr nachera Värddlschdund a värzza Dooch alts Brööhla in Richtung Kubf gschmissn mit drei ganz glanne, längliche Brikett inner drinner. Und wennsd du nocherdla nachn erschdn Biss und in Verlust vo zwei Schneidezähn gsachd hosd, du mechersd die Bratwerschd, falls des wergli anne sin, a Spur weicher und vuur allem a bissala heller, also ungefähr Medium, nou hosd aus der Buudn raus an brülln heern: »Maulaff, sooch hald wos, wennsd a Tartar-Weggla willsd!« Des sin halt Heimatklänge gween, dou gäihder doch es Herz aaf, beziehungsweise es Messer in der Huusn.

Odder es hod bam Eischenken vo den kocherd haaßn Schwarzbeer-Blembl, wo mer damals scho Glühwein derzou gsachd hodd, dou hod in der Dassn ungefähr die Hälft gfehlt. Und du hosd den Moo an der Glühwein-Schleuder gfroochd, ob er numol an Schbruuz neiloun kennd, dou fehlt die Hälft. Nou hodder gsachd, wenn er

wär? Der verdient 17 Millionen Euro im Jahr. Dääd ich nou meine Enkerla a Schweizer Sparbüchla schenkn mit 5 Millioner Euro draff? Schdadds a boor Playmobil-Männla? Und wos däädn a glanner Bou in Afrika soong, wenn er wisserd, dass aff der gleichn Welt, wo er mehr oder weenicher lebt, dass dou Kinder Playmobil-Männla um 80 Euro zu Weihnachdn gschenkt gräing. Und wos wär nern, wenn ich edzer vo die 80 Euro die Hälfd nach Afrika zu den Boum schick, der wo an Weihnachdn goornix gräichd. Nedd amol wos zum Essn.

Und wall i sooch »Essn«: Mir produziern ja aff der Welt, hobbi neili gleesen, suvill Leemsmiddl, dass du alle 7 Milliardn Laid ba uns bragdisch mehrfach ernährn kennsd. Und drodzdem sterm jedn Dooch ungefähr 100 000 Menschn weecher Hunger. Masdns Kinder. Wos wär nern, wenn mir ihner wenigstens suvill geberdn, dass jedn Dooch satt wern? Wemmer uns scho an denni ihre Bodenschätze grumm und bugglerd verdiener.

Und wall i sooch: »Bodenschätze«: Ich denk mer manchmal, die Bodenschätze, wo mir ausn Boden rausraamer loun weltweit, also Öl, Gas, Erze, Uran, Diamanten, Rubine, Saphire, Gold, Bauxit, Kobalt, Zink, Nickel und des ganze Zeich, wou mir dringend für Sachn braung, däi wo mir dringend ibberhabbs nedd braung däädn– dou mouß doch unser glanne Weltkugel langsam Drimmer Löcher gräing in ihrn Körper. Und obs dou nedd irchndwann amol vuur lauter Löcher zammgrachd, denk ich mir. Und obs nedd gscheider wär, wemmer middn Löcherbuuhrn langsam aafheererdn. Und däädn derbei wenigstens manchmal mehr an unsere Enkel odder Urenkel und suu weiter denken schdadds an unsere Renditen. Wall miidnehmer wermers nedd kenner, die Renditen und die Millionen und Milliarden und Billionen. Hädd mer eine Verbindung aff der andern Seiten vo der Wupper odder ba uns der Bengerz, kennd mer ja amol in aldn Schickedanz odder in Grundig froong: Ob mer als glanne weiße Wolkn nachn Verlassn vom Krematorium-Schlot, ob mer dou nu Zinsn aff irchndwos gräichd? Ich vermute, allerdings religionswissnschaftlich nicht fundiert: Eher nedd.

Und wall i sooch »Schickedanz« und »Grundig« – wär's grood ba denni zwaa nedd ibberhabbs gscheider gween, sie häddn ihr Milliardenvermögen gschdreut? Und zwar unter denni Laid gschdreut, däis zum Leem brauchd häddn. Dou hädds fei vill geem. Nicht bloß annern suu an christlichen Fest wie Weihnachten.

Und wall i sooch »christlich«, heer i edzer aaf. Middern selbergmachdn Gedichtla, ganz ohne Konjunktiv, nerblouß mit einen Fragesatz am Schluss:

Wenn am 1. Vorweihnachts-Samsdooch im Dezember
Der Umsatz nedd mindestens
Fimbf Brozend häicher is
Wäi in der Vorweihnacht es Joahr dervuur
Nou konnsd du fei
Es ganze Joahr vergessn
Hosd du des damals scho gwissd
Herr Jesus Christ?

In der Weihnachtsbäckerei

Edzer senkt ser si ja Gottseidank widder hernieder aff unsere hoffentlich einigermaßn geschütztn Ohrn: die stade Zeit.

Hobbi in anner Zeitschrift gleesn, dass däi stade Zeit unter anderem auch ba uns dahamm in der Küchn stattfindet. Wall, dou »duftet es verführerisch«. Und es knistert förmlich vor den vielen Überraschungen, die jetzt unserer harren. Am masdn dääds knistern, wenn ausnahmsweise einmal der Ehemann, schdadds der Ehefrau, einen Christstollen backn dääd. Also ba uns dahamm in der Küchn – Premiere.

Es erschde Mool in mein edzer aa scho zimmli langer Leem hob ich einen Christstolln backn. Nachn Rezept vo dera Frauenzeitschrift. Und i mouß soong: Es schdimmd mid den Knistern.

Als Erschdes knistert's scho amol, wemmer die Geschmackszutatenliste vo den Stolln liest. Dou hassds: Korinthen, Nüsse, Zitronen- und Orangenschalen, Vanille, Rum, Arrak. Bei Korinthen is mer als Erschdes mei früherer Scheff eigfalln, ein ziemlicher Korinthenkacker. Obber bevuur in oogruufn hob, obber mer amol 150 Gramm, wäis im Rezept steht, 150 Gramm Korinthn kackn kennd, hobbi grood nu gleesn, dass Korinthen Sultaninen (also bragdisch wäi in Erdoğan sei Frau) sin, getrocknete Weinbeerla kommer aa soong. Hobbi in der Norma a Kilo ungetrocknete Weintrauben kaffd und ba 250 Grad in die Röhrn nei. Zum Trocknen.

Nou die wichtigste Geschmackszutat: Rum und Arrak. Dou is dorddn gschdandn: Jeweils 3 EL. EL – also Ein Liter. Drei Liter Rum, drei Liter Arrak – hobbi mer denkt: »Gräiß di Gott, wenn der Stolln ferddich is – mehr als zwaa Schdiggla derfsd dou nedd neischäim. Wennsd dernouch nu Autofoohrn moußd.«

Also widder zum Rezept: Die Sultaninen, hassds, mouß mer über Nacht in den Rum und den Arrak tränken. Tränken geht obber auch tagsüber. Hobbi also die inzwischn verbrenndn Weindraum noogschluggd und mit Rum und Arrak getränkt. Obber däi insgesamt sechs Liter Rum und Arrak hobbi ums Verreggn nedd noobrachd. Bereits nachern halm Liter 80-brozendichn Strohrum hobbi es Tränken unterbrechn mäin.

Nou hobbi als Nächsdes ghabt: »aus 125 Gramm Butter kleine Flöckchen bilden«. Kleine Flöckchen! Nimm amol 125 Gramm schdaahardde Butter ausn Tiefkühlfach und bild dou draus kleine Flöckchen! Ich bin doch ka Steinmetz! Hobbi a Stemmeisn gnummer – sin die Flöckchen, wäis ghassn hodd, schön verteilt gween. Obber nedd in der Teigschüssl, sondern an der Küchndeckn droomer, am Fensderbreddla, im Kehrichdaamer und am Buudn. Kleine Butterflöckchen affern Laminatbuudn bilden, wäi i edzer wass, eine sehr gleitfähige Heedschl. Im Zusammenwirken mit an halm Liter Rum nedd ganz ungfährlich.

Wäi ich nachn Ausrudschn aff die Butterflöckchen aus meiner Ohnmacht erwachd bin, hob ich nou aus 500 Gramm gesiebtem Mehl eine Grube gebildet, wäis im Rezept steht, hob in die Grube 20 Gramm Hefe neibröggld, Zucker und Milch. Des hädd ein Hefeteig wern solln. Und der Hefeteig soll nachn Umrührn »Gehen«. Maaner S', der wär ganger?!

Kann Meter weit is der Doldi vonnern Hefeteig ganger. Vuur allem vo meine Händ, Arm und vo die Hemdsärml und ausn Gsichd is er nicht um alles wechganger. Ich hob nou mid die Arm suu brobellerartige Beweechungen gmachd. Nou is er zwar aa nedd ganger, obber derfiir gfluung. Zu die Butterflöckchen am Fensterbreddla.

In meiner Not hobbi mi nou widder a bissala dem Tränken mit Rum und Arrak gewidmet. Und wäi ich nou a weng ermattet aff der Küchnbänk gleeng bin, middern Hefeteig als Kubfkissn und in mein Dambers gsunger hob »Budderflöggchen, scheiß Flöggchen, wann bist du so weit« – in den Moment is nou mei Frau hammkummer. Dou hodds knistert, Freind, des konn si goor kanns vuurschdelln. Fast kommer soong: gschebberd.

Mit dem Navi zum Christkind

Derfs haid ausnahmsweis amol wos Philosophisches sei? Ja? Also, nou erzill i Ihner wos vo Delphi. Edzer nedd vo den Porno-Kino Delphi in Närmberch, wous neili abgrissn hom, sondern Delphi in Griechenland.

Dou schdäihd im Abollo-Dembl a ganz kurzer Satz, braggdisch der Grundsatz vo unserer Philosophie. Und zwar: »Erkenne Dich selbst!« Schdäihd dou seit zwaarahalbtausnd Joahr dorddn. Edzer wird nerdirli jeder soong: »Erkenne dich selbst – is scho rechd. Obber wäi gäid nern nou des?«

Ganz eimbfach. Die masdn wern ja momendan auch onlein wos bschdelld hoom und mäin edzer zwaa, drei Wochn nach ihrn Paket forschn, walls widder nedd dahamm gween sin, wäi die Paket-Post kummer is. Also hoggsd di in dei Auto, nimmsd sicherheitshalber nu zwei Frauen miid – aamol in Verkündigungs-Engl vo den

Navigationsgerät und nou nu dei Ehefrau –, gibsd in alle zwaa ei, zum Beispiel, »Trierer Schdrass mäimer!« und fährsd nou zum Paket-Abhulln in die Trierer Schdrass.

Als Erschdes heersd di frohlocken: »Trierer Schdrass, Trierer Schdrass – wo soll nern edzer die Scheiß Trierer Schdrass sei?! Graizkiesloorschdunnerkeilnumolnei!« Dann dei Frau: »Groodaus, glaab i.« Und fast gleichzeitig die Frau Navi: »Bei der nächsten Möglichkeit bitte wenden.« Draff du: »Ner fraali, bläide Gaaß, ich wer dou aff der A 73 wendn. Hald dei Schlebbern, bläide Zumbfl, hochdeidsche!«

Dann Baustelle und ein Schild: »Einfädeln«. Neben dir will ein Autofahrer einfädeln. Und du hörst dich schalmeien: »Ja gloor, neigwedschn, hä! Affnoorsch! Edzer warddsd! Will si der Granaten-Gischbl gschwind neizwänger. Huusnbrunser, dummgsuffner!« Der dummgsuffne Huusnbrunser fädelt dennoch vor dir ein – und bremst sodann. Und du in deiner vorweihnachtlichen Stimmung: »Ja, homs den ins Hirn gschissn odder wos?! Des is ka Standspur, du Schnarchzabfn, des is a Schdrass! Zibflziecher, foohr zou, sunsd zäichi di raus aus dein Gurgnhobl! Frau, schreib die Auto-Nummer aaf vo den Affnoorsch, den zeich i oo weecher Transportgefährdung!«

Die Frau Navi: »Nach 300 Metern links abbiegen.« Du: »Wennsd edzer nedd glei dei Goschn häldsd, nou läffsd! Nou konnsd weecher mir värzza Dooch lang links abbiegen, bisd schwindlerd wersd, debberde Navi-Schnalln, debberde!«

In dem Moment wagt es ein Mercedes zu überholen: »Bressierds dir Haumdaucher gwiss?! Will der Oorsch mid Ohrn mich überhulln in der Dreißger-Zone. Foohr iich scho 60 – ner gloor, a Färdder! Blousoorsch, hosd gwiss kann Dacho in dein Gracher?!« Dann überholt dich noch ein Fürther und noch ein Fürther und noch einer: »Wos issn edzer los?! Lauder Färdder! Is dou a Nest, odder wos?! Wo simmer denn eingli!« Deine Frau: »Vielleichd lichds dou droo, dass mir in Färdd sin.« Du: »Hod dich wer gfrouchd?? Brauch i edzer grood nu, deine geografischen Belehrungen! Laut Navi simmer in Cadolzburg!«

Um a Haar häsd edzer an Fußgänger am Zebrastreifn derwischd, brillsd nern nouch »Beweech di a weng, wamberde Sau!« Willsder a Zigareddn oobrenner middn Zigareddnonzinder und derwischd schdadds der Kibbn dei Noosn. Und wäi däi mit anner wunderbaren Brandblousn sich rot verfärbt, in den Moment schbillns im Radio »Rudolf, the rednosed reindeer had a very shiny nose ...« Und in die Frooch vo deiner Frau nei, obs ab sofort Rudolf zu dir soong derf, stöhnst du nocherdla »Konn mer des vielleichd amol wer soong – warum dass ich Doldi meine Weihnachdsgschenkla onlein eikaaf?«

Und dou simmer nou widder ba der Philosphie: Erkenne dich selbst – des is der erschde Weech zur Besserung. Auch ba Brandwundn.

Die Hosenposaune

Immer am erschdn Freidooch im Dezember Bungd sechser gäid ja in Närmberch am Haubdmargd die heiliche Zeid oo. Schdardschuss vom Grisdkind bersönlich für die heilichn verkaufsoffner Samsdooch, für die heiliche

165

Weihnachds-Graddi, die heilichn drei Keenich: Kies, Kulnn und Bullver, und fiirs heiliche Wirdschafdswachsdum. Am 24. Dezember is nocherdla scho Sangd Boddmonnee, nerblouß vier Wochn, und alles is scho widder vobbei.

Iich hob an Gschäfdskolleeng, der wohnd direggd iibern Griskindlasmargd, seid ball scho dreißg Joohr. Also den sin däi vier Wochn immer wäi a Familienbaggung Ewichkeid vuurkummer. Die erschde Zeid am Haubdmargd hodds nern ja goud gfalln. Ba der Griskindlasmargd-Eröffnung hodder sie a boor Seidla Glühwein in sei Nervnzentrum neigschidd, Broudwerschd hodds geem middern richdich goudn Sauergraud, fimbfmool aafkochd. Nocherdla infolche vo den Sauergraud midder Huusn-Bosauner a boor Dagde »Schdille Nachd« blousn – und scho hodder derhamm eine wunderboore Romandigg ghabd.

Obber suu nach zeha, fuchzeha Joohr is der fei immer komischer worn. Ofd nu bis in März, Abril nei hodder in der Ärwerd dauernd »Oh du fröhliche, oh du seliche, oh du Graizkiesldunnerweddernei« gsunger. Also suu wäis in kann Gsangbuch drinner schdäid. Odder middn im Summer hodder manchmal gschriea »Lebkoung, frische Lebkoung, kaffd Lebkoung, waffnscheinfrei, Ihr Doldi, Ihr bläidn!« Und glei draff hodder mid seiner Sauergraud-Bosauner »Schdille Nachd« gschbilld.

Wäi er zwanzgjähriches Griskindlasmargd-Jubiläum in seiner Wohnung am Haubdmargd ghabd hodd, is des Heiliche in ihn drinner immer ärcher rauskummer. Aamol hodder a Kerzzn am Houd ghabd am hellichdn Dooch, brennerde Schdernlasschbeier an die Ohrn bambln, und derzou hodder gsachd, wäi der Abdeilungsleider gfrouchd hodd, obber den Fall Scheuerlein scho bearbeided hodd: »Ich bin das Lichd in der Finsdernis.« Und direggd vuurn Scheff sein Schreibdisch sich aweng buggd und widder mid der Bosaune eine Weihnachdsfanfare losgloun, dasser fei die zweide Abmahnung gräichd hodd.

A halbs Joohr schbeeder, korzz vuur Osdern, is nou bassierd. Dou is der Kunde Scheuerlein ins Büro kummer und hodd ummernander brilld, dasser si des nedd gfalln lässd, dasser edzer scho a Dreivärddljoohr affern Bescheid wardd und wou des Rimbfiech von einen Sachbearbeider is. Nou is mei Gschäfdskolleech aafgschdandn und hodd zu den Herrn Scheuerlein ganz ruhich hodder gsachd: »Ihr Herrn und Fraun, die Ihr eins Kinder wart / Ihr Kleinen am Beginn der Lebensfahrt / Ein jeder, der sich heute freut und morgen wieder plagt / Hört alle zu, was Euch das Christkind sagt.« Und nou hodder widder an gnaddern loun. A Värddlschdund schbeeder hodder sein Schreibdisch raimer mäin. A alts Hudzlbrood is in seiner Schubloodn gleeng, Grisbaumkugln und a Rauschgoldengel middern Kardeireider am Flüücherla, dou is Scheuerlein draff gschdandn. »Es ist ein Ros entsprungen« hodder uns zum Abschied nu gsunger, a ledzder leiser Gwaggerer mid seiner Huusn-Bosauner – und fordd woorer.

Gseeng hobbin seiddem nemmer. Obber er mouß immer nu direggd geengiiber vo der heilichn Griskindlasmargd-Eröffnung wohner. Manchmool liesd mer nemli in der Zeidung, dass jemand mid anner Gambl Zwedschgerkern affs Griskind gschossn hodd odder aff den Maronibraader undn am Subbermargd a Aamer vull heißer Glühwein gschüdd worn is. Und monchmool heerd mer in anner lauen Sommernachd vom värddn Schdugg roo die Wordde: »Ihr Herrn und Fraun, die

Ihr einst Kinder wart / Seid es heut wieder, freut Euch in ihrer Art / Das Christkind lädt zu seinem Markte ein / Und wer da kommt, der gräichd a Bäggla Haferschleim.« Und nocherdla dröhnd a Bosauner »Schdille Nachd«, dass mers ball bis in die Südschdadd naus heerd. Anscheinend hodder si edzer an Verschdärger fiir sei Huusn kaffd.

Die eilige Nacht

Sie, des solls fei nu geem: Laid ohne jeglichn Familiensinn. Sugoor edzer an Weihnachdn! Dou genger däi am Heilichn Oomd in Haubdbahnhuuf affern Döner, 5 bis 8 Seidla Bier und zur Vertiefung des Festes nu an Zwölferkarton Underberg. Familiensinn an Weihnachdn: null!

Also, wos i soong will: In Heilichn Oomd verbringt der Mensch traditionell im Kreis vo die Schwiecherlaid, Eltern, Groß- und Urgroßeltern, Großonkel, Kleintanten, Neffen, Nichten, Kuseng, Kusinen und suu weiter, die normal nerdirli nedd alle aff an Haufn zamm wohner, sondern a bissala verstreut. Obber durch die traditionelle Rumfoohrerei am Heiling Oomd lernt der Mensch mit Familiensinn widder amol sei Stadt und die nähere und weitere Umgebung kenner. Und in Benzinpreis.

Also erschd wird amol der Kofferraum mit Gschenkla vullgschdobfd, und zwar in der Reihenfolge, wäi mers schbeeder bam Ausladen aff goor kann Fall braung konn. Nocherdla telefoniert mer die Kinder zamm, däi wo bam X-Mäs-Chillen sin in ihrer Eigenschaft als Wasserbfeifm-Räuchermännla, teilt ihner miid, dass in 5 Minuten Abfahrt is zum weihnachtlichen Verwandtschafts-Abklappern und erntet chrismäs-gemäß ein begeistertes Frohlocken. »Nou foohri halt widder miid«, sachd der Glaa nach 3 heiliche Schelln, »obber wenn i vo der Schobbershofer Oma haier widder blouß an Fimbfer und a selbergschdriggde Wollunderhuusn gräich, nou kennder nexds Johr Euer Kleidersammlungs-Tour wergli allaans machen.«

Ba der Schobbershofer Oma gibt's nou außer an Fimbfer und a selbergschdriggde Wollunterhuusn traditionell am Heiling Oomd Russische Eier mit Kardofflsalood und a Glas lauwarmer Frankn. Nach Absingen vo »Stille Nacht« überreing mer der Oma irrtümlich den Nassrasierer, der wo eingli fiirn Schwager vo der Schwiegermutter ihrer Großnichte gedacht woor. Wäis nern ausbaggd und a weng bläid schaut, sachd der Glaa: »Oma, dou konnsd deine selbergschdriggdn Wollunterhuusn vuurn Verschenken rasiern, wall, däi gradzn immer suu arch.«

Edz kennd nerdirli a weng a Streit aafkummer, obber der Countdown läffd – mir mäin weiter zur Stiefschwester vom Ur-Opa nach Buchnbühl. Dou gibt's am Heiling Oomd traditionell Russische Eier und an Kartofflsalood. Am CD-Bläher »Stille Nacht«, in der Huuserdaschn fibriert es Händy, der Schwiechervater is dran und will wissen, wo dass mer bleim. Wall, der Franknwein is scho warmgschdelld und die Russischn Eier mit Kartofflsalood wern langsam läädscherd. Gschwind die Treppen noo, »O du fröhliche« pfiffn, zwaa Russische Eier rausgschbodzd – und scho umschmeichelt uns wieder das Lied der Landstraße, mir sin am Weech nach Cadolzburg zum Schorschi-Opa und zu Russische Eier mit Kartofflsalood.

Mir laidn, schdenger im feierlich geschmücktn Reihenhaisla, und es duftet verführerisch – nach Russische Eier mit Kartofflsalood. Mir schütteln dreißg Laid die Händ und den Schoppen warmen Franken innern Blumertopf und froong einen uns eher unbekannten Moo, wäis in Onkl Ludwig sein Hüftglenk gäihd. Und erfoohrn nou, dass ba dera Bescherung kann Onkl Ludwig mit an ausgleiertn Hüftglenk gibt und mir uns in der Hausnummer daischd hom.

Korzz nach Mitternacht hommer die Verwandtschaftsbescherungen hinter uns, und mir kenner endlich zur Feier vom eichner Heilichn Oomd schreiten. Und zwar buchstäblich »schreiten«, wall uns am Obbernhaus es Benzin ausganger is. Also schreiten mir vuur in Hauptbahnhuuf. Middn Boum seiner selbergschdriggdn Unterhuusn wisch mer des Stehdischla am Imbiss sauber, bestelln a boor Bier und an dreifachn Underberg, a Reisender neber uns singt »Stille Nacht, Heiliche Nacht, Bedienung, häsd mer nu an Asbach brachd«. Und wäi mer die Bedienung froong, ob mer vielleicht an Döner hoom kenndn, sachd däi: »Döner hommer nedd. In der Heilichn Nacht gibt's ba uns traditionell immer Russische Eier mit Kartofflsalood.«

Weihnachten in Tobago

Sie, amol a Glaubensfrooch: Glauben Sie auch, dass Sie haier – suu hobbis in einen Broschbeggd gleesn – »den ganzen Weihnachtsstress endlich einmal hinter sich lassen, der Kälte entfliehen und Grismäs unter Palm-Trees verbringen wollen«? Efendwell in Tobago? Nou fei obacht geem, gell.

Mir hom ledzds Joahr mit a boor Bekannte iiber die Feierdaach auch der Kälte entfliehen wollen. Dou hodds ba uns 20 Grad Wärm ghabd, wie mir der Kälte entflohen sin. Simmer um nerblouß 1 299 Euro nach Tobago gfluung. Mir hom scho vermutet, dass dou in den Tobago eine fränkische Waldweihnacht eher nicht stattfindet. Und nou hommer si halt es notwendigste Weihnachtsegwibbment miidgnummer. Zum Beispiel der Hartmann, der Schorsch, an zammglabbbaren Grisdbaum. Bam Butlers in der Kaiserschdrass hodder si den kaffd.

Obber edzer is, wäi mer nach 15 Stund Käfichhaltung im Fliecher in den Tobago ookummer sin, is dou eine Immigration-Control gween. Hosd suu an Zeddl ausfülln mäin middern Haffdn englische Wörter draff. Zum Beischbill »Residence« is dou dorddn gschdandn. Hod der Hartmann, unser Globetrotter, hodder ba den »Residence« hiigschriem »No«. »Wall«, hodder den Immigration-Moo nocherdla ergläärd, »wall, ich nix Residence haben. Ich Untermiete in Schobbershuuf, Bismarckstreet 10, you understand?«

Bevuur nern obber die Kleinleins Betty, däi wou am International Airport Zieglschdaa ärwerd, ergläärn hod kenner, dass Residence nedd suwos is wäi die Kaiserburg odder es Tucherschloss in der Hirschelgass, sondern dasser dou nerblouß sei Adress neischreim hädd solln, hod obber der Hartmann scho sein Kuffer aafmachn mäin. »Please open!«, hod der Immigration-Moo gsachd. »Genau«, hod der Hartmann gsachd, »Please, dou is Open, und aff der andern Seitn is Unten.«

171

Ner ja, nou hoddern Open aafmachn mäin, sein Suit-Käse odder wäi der Kuffer ba denni hassd, und dou is nou glei oomer draff der zammglabb-bare Grisdbaum vom Butlers drinnergleeng. Also normool dodal bragdisch, gell. Drei glanne Stahlrohre mit Teleskop-Technik, däi lässt eimbfach zammschnabbn, der Stamm Fichte furniert. Obber in den Tobago homs gmaand, des is a Schnellfeiergwehr. Und des woor ja nunni alles.

Der Hartmann hod ja nu für uns alle fünf Kilo Kloßdeich vom Henglein derbei ghabt, fünf diefgfruurne polnische Gäns und a boor Bäggla Knödelhilfe, falls mer die Kartoffel fiir die Gniedla doch läiber selber reim. Die diefgfruurner Gäns sin – wall mir ja der Kälte entflohen sin – auftaut gween, im Kuffer is im Blut a weng a Gänsjung rumgschwummer. Und die Knödelhilfe, suu a weiß Pulver, wenn Sie's kenner, des homs auch konfisziert. Nou is der Hartmann weecher Kokain-Schmuggl, unerlaubten Waffnbesitz und anner zerstückelten Leiche im Kuffer vuurlaifich festgnummer worn. Die Betty hod aa nedd einreisn derfn, wall, dera is in der Handdaschn a Fläschla Hefeweizn exblodierd gween.

Und der Heiliche Oomd unter Palm-Trees is nou nerdirli nicht es Wahre gween. A weng an Palm-Tree hobbi scho ghabt, aber ba 35 Grad Hitz und 5 Caipirinha hodds mi ganz schäi um die Palme rumdreed. Der Hartmann is während der Bescherung vo fünf Sicherheitsoffiziere vernommer worn, und kaum dass mer unsere Sternlasspeier oozind hom, hom si's uns widder abgnummer. Und es Aanziche, wos mer behaldn hom derfn, des woor die Styroporverbaggung vo unsere Gäns. Aus den Styropor hommer middn Küchnmixer ganz glanne Flockn gmachd, middn Föhn a weng neiblousn, und eine Marimba-Band hod aff große Kehrichd-Aamer

»Leise rieselt der Schnee« gschbilld. Und derzou hodds Haifischflossn Müllerin Art geem.

Weihnachdn in Tobago – es erschde und es ledzde Mal.

Friede auf Erden – Krieg im Wohnzimmer

Schad fei – scho widder rum, die Weihnachtsfeierdaach. Das Fest der Liebe, das Fest des Friedens. Wäi woors nern ba Ihner?

Also ba mir is haier widder dodaal friedlich gween. Draußn oorschkald, a bissala Schneegriesl woor sugoor, und iich dahamm schäi gemüüdlich am Sofa. Also rich-dich »Stille Nacht, Heiliche Nacht«. Nach der Besche-rung: in der Linkn dradizionell mei Seidla Weihnachts-bock, in der Rechdn die Fernbedienung. Und nou hobbi erschd gschaud aff RTL »Apokalypse«, zweiteiliges Kata-strophendrama mit Super-GAU in Amerika. Dernouch den wunderbaren Western »Wyatt Earp« mit den Doc Holliday. Dou hodds gnalld, konn i Ihner soong. Dann aff NTV »Tod im Tunnel – die Akte Diana«, dou woors scho Mitternacht vorbei. Normool schnarch i um die Zeit ja scho in mei Sofakissn nei. Obber edzer mid den »Tod im Tunnel« – des hod mi deroordich aufgwühlt, gell. Dou hobbi dann nu niiberdriggd aff Kabel eins »Der Pate«, Mafia-Thriller. Dou schbradzlds der vielleichd, dou freggns wäi die Muckn. Und dernouch nu »Panzer-schiff Graf Spee«, Kriegsdrama.

Am erschdn Feierdooch dann nachn Gänsla glei widder aff Kabel eins ein wunderbares Katastrophendrama »Die

Höllenfahrt der Poseidon«, auch weihnachtlich, is mir zwaa Stund lang die Gänshaut aafgschdandn, suu is dou abganger. Dernouch woor fast a halbe Stund lang nix Gscheids, hobbi gschwind die Gschenkla ausbaggd. Obber nedd alle, wall dann is aff RTL kummer »Pearl Harbour«, Bombenhagel, Kriegsepos, dernouch ein Thriller »Im Netz der Spinne«, dann ein Action-Thriller und um 23 Uhr 35 »Bruce Lee – Die Todesfaust des Cheng Li«. Der haut hii, der Cheng Li, mit seiner Todesfaust. Dou schdenger der die Haar zu Berch, wennsd nu anne hosd. Hobbi manchmal vuur lauter Aufreechung fei nimmer hiischauer kenner und immer widder amol niiberdriggd aff VOX »Hydrotoxin – die Bombe tickt in Dir«. In mir hod nerdirli aa die Bombe tickt: Zwaa Gänsschleegerla, drei Gniedla, die fette Sooß, fünf Schobbn Silvaner. Ja, sie hod scho tickt in mir, die Bombe, is obber godzeidank nicht exblodierd, walli a boor Willi nouchgschidd hob.

Am zweidn Feierdooch woor i obber scho widder aff meim Sofa-Posten: Widder ein Kriegsfilm aff RTL, barallel hosd niiberschaldn kenner aff SAT 1, aff den Action-Thriller »Tödliche Nähe«. Und hädd i edzer ball vergessn – dervuur aff RTL 2 »Attila – der Hunne«, Teil 1, und glei draff »Attila – der Hunne«, Teil 2. Also der Attila, einmalich, konn i Ihner soong. Dou sin die Speere in die Geechner neiganger wäi in Gänseschmalz, und aff der andern Seitn widder rauskummer. Köpf sin ummernandergfluung, Baaner und Arm homs rausgrissn, es Blut is suu houch manchmal gschbridzd, dassi fei a boormool unwillkürlich aff mei frisch dabezierde Deckn naffgschaud hob. Is obber nix rauskummer ausn Fernseher. Ner ja, woor edzer a Schbässla. Aus mein Fernseher is nu nie a Blut rausgschbridzd. Auch nicht an Weihnachten.

Obber wall mer grood ba Weihnachten sin – hom S'
des aa gleesn? Wou däi zwaa junger Laid an aldn Moo
in der U-Bahn zammgschloong hom. Braggdisch Mord-
versuch. Und des korzz vuur Weihnachten! Mit Recht
hom unsere bayerischn Bollidigger gsachd: »Erschre-
ckende Brutalität«, »Ausweisen!«, »Drastische Bestra-
fung«, homs gsachd, eventuell sugoor »Lebenslänglich!«
Ich wass edzer blouß nedd genau, wen dass dermiid
gmaand hom mid dera erschreckenden Brutalität: Die
zwaa junger Laid odder unsere scho a weng älteren Pro-
grammdirektoren vom Weihnachtsfernseeng.